ÄGYPTOLOGISCHE ABHANDLUNGEN

HERAUSGEGEBEN VON
WOLFGANG HELCK UND EBERHARD OTTO

BAND 25

WOLFGANG HELCK

DIE RITUALDARSTELLUNGEN
DES RAMESSEUMS

I

1972

OTTO HARRASSOWITZ · WIESBADEN

DIE RITUALDARSTELLUNGEN DES RAMESSEUMS

I

zusammengestellt von

WOLFGANG HELCK

1972

OTTO HARRASSOWITZ · WIESBADEN

Gesamtherstellung: BoD, Hamburg

Printed in Germany

ISBN 3 447 01439 3

ISBN 978-3-447-01439-7

Otto Harrassowitz GmbH & Co. KG
Kreuzberger Ring 7c-d, D-65205 Wiesbaden,
produktsicherheit.verlag@harrassowitz.de

Vorwort

Dieses Buch ist als ein anspruchsloses Hilfsmittel für denjenigen ge-
dacht, der sich schnell über die Beischriften der Ritualszenen im
Ramesseum informieren will. Bekanntermaßen sind diese Szenen bisher weitgehend vernachlässigt worden, da ihre Bedeutung für die alt-
ägyptische Geistesgeschichte bisher noch nicht erkannt worden ist.
Stehen doch die Untersuchungen über die Überlegungen, nach denen
der alte Ägypter seine Tempel mit Darstellungen ausschmückte, erst
in den Anfängen. Jedoch ist bei allen Versuchen, hier weiterzukom-
men, der Mangel an publiziertem Material hinderlich. Natürlich sind
diese Szenen erst dann voll auszuwerten, wenn auch die Darstellungen
mit veröffentlicht sind, da es sich zeigt, daß etwa auch die Wahl der
Kronen beim dargestellten König nicht zufällig gewesen ist. Daher
soll diesem Band zu gegebener Zeit ein zweiter folgen, der die Darstellungen in Photographie bzw. Zeichnung bringen soll. Zunächst
aber erschien es am richtigsten, mit der Veröffentlichung der Beischriften zu beginnen.

Die Abschriften sind von mir während zweier, schon länger zurück-
liegender Aufenthalte in Theben-West genommen worden. Wenn dabei
Fehler aufgetreten sind, die ich auch auf Grund der Begleitphoto-
graphien nicht korrigieren konnte, so bitte ich den Benutzer im Vor-
aus um Entschuldigung. Soll doch dieses Buch auch nur so lange seinen Zweck erfüllen, bis eine vollgültige Veröffentlichung des gesam-
ten Ramesseums vorliegt. Möge dies bald der Fall sein!

W. Helck

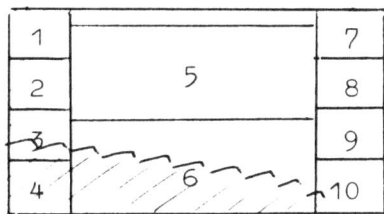

1-4 Türlaibung der Außentür aus Alabaster

1. [Der König] vor Amonrasonther

    Beischrift des Gottes:

2. Der König vor Month als Chons und Hathor, Herrin von Dendera

    Beischrift bei Month-Chons, oben:

        "......-Ḫnśw-Nfr-ḥtp, ..., Herr

        der beiden Länder, Leben und Heil.

        Worte sprechen: Ich gebe dir alle

        Gesundheit"

    Beischrift bei Hathor, oben:

                "Hathor, Herrin von Dendera,

                   wohnhaft in Ḏśrw"

Beischriften unten vor den Gottheiten:

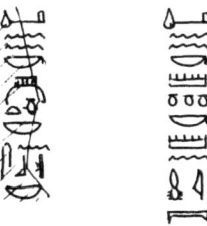

"Ich gebe dir alle Freude und alle Gesundheit"

"Ich lasse dir deine Denkmäler bestehen wie der Himmel"

3. Atum schreibt den Namen des Königs auf den Perseabaum

Beischrift zu Atum:

"Worte sprechen durch Atum, Herrn der beiden Länder, den Heliopolitaner: [Ich gebe dir] Sedfest[e], wie ich (sie) durchgeführt habe"

Beischrift des Königs:

"Der gute Gott, Herr der beiden Länder, Herr der Kraft [Wsr-m3ˁ.t-Rˁ]-stp-n-Rˁ [.........], dem Leben wie Re gegeben werde"

4. Die unterste Darstellung auf dem Türpfosten ist von herabgestürzten Steinen verschüttet.

5a. Der König opfert einen Opferhaufen vor Sokar

Beischrift des Sokar:

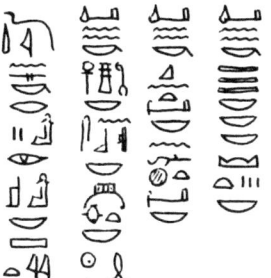

"Worte sprechen durch Sokar-Osiris, den Herr der Höhle: Ich gebe dir alles Leben, Dauer, Heil, alle Gesundheit, alle Freude wie Re. Ich gebe dir alle Tapferkeit und alle Kraft. Ich gebe dir alle Länder und alle Fremdländer"

Beischrift des Königs:

Ramses II.,"den Amun selbst
erwählt hat"

Beischrift der Handlung:

"Opfer überreichen seinem
Vater Sokar"

5b. Der König weiht Ptah die Maat

Beischrift zu Ptah:

"Ptah, Herr der Maat, König
der beiden Länder, über dem
großen Sitz: Ich gebe dir
eine Ewigkeit als Herrscher
der Freude"

Rede des Ptah (über der Kapelle):

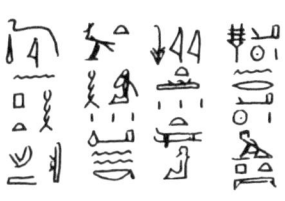

"Worte sprechen durch Ptah,
der die Gebete erhört: Ich
gebe dir das Königtum des
Atum und die Lebenszeit des
Re im Himmel"

3

Beischrift des Königs:

"Der gute Gott, Sohn des Amun, Schützer des Bewohners von Theben" Ramses II., "Sohn des Ptah, Geliebter des Sokar"

Beischrift der Handlung:

'Überreichen der Maat seinem Vater, dem Schöngesichtigen; er tut es, damit Leben gegeben werde"

6. Der König wird durch Month und Atum vor Amun geführt.

Rede des Month:

"Worte sprechen durch Month, den Herrn von Theben, wohnhaft in Erment: Komm doch zum Tempel, daß du deinen heiligen Vater siehst, den Herrn der Götter. Er gibt dir eine Ewigkeit an Königtum der beiden Länder, indem du erschienen bist auf dem Thron des Horus"

4

Rede des Atum:

"Worte sprechen durch Atum,
den Herrn der beiden Länder,
den Heliopolitaner, wohnhaft
im Ramesseum-in-der-Amundomäne: Schreite in Frieden zu
(meinem) Palast, indem die gr.
Neunheit im Jubel ist vor
deinem schönen Gesicht. Sie
geben dir die Jahre des Atum,
indem du erschienen bist auf
dem Thron des Horus"

Rede des Amun:

"Worte sprechen durch Amun-
rasonther, wohnhaft im Ramesseum-in-der-Amundomäne:
Es ist mein leiblicher
Sohn, N.N. Mein Herz ist
froh beim Sehen deiner
Vollendung, da ich auf
diesen deinen Denkmälern
ruhe. Ich gebe dir das zu-
gehörige Erbe in Leben und
Heil auf dem Thron des
Geb"

5

7 - 10 Südliche Laibung am Westausgang des 1. Pylons

7. Der König opfert Blumen vor Amun

Beischrift des Amun:

"Worte sprechen: Ich gebe dir alles Leben und Heil; ich gebe dir
alle Gesundheit.
Amonrasonther, Herr des Himmels"

Beischrift des Königs:

Rede des Amun:

"Ich gebe dir meine Jahre als
König"

Beischrift der Handlung:

"Allerlei Blumen geben seinem Vater
Amonre. Er tut es, damit Leben gegeben
werde"

2. Der König räuchert vor Harsiese und Isis

Beischrift des Harsiese:

"Worte sprechen durch Harsiese:
Ich gebe dir mein Amt, meinen
Sitz und meinen Thron ewig-
lich"

Beischrift der Isis:

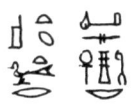

"Isis, die Große, sie gibt
alles Leben, Dauer, Heil"

Beischrift des Königs:

Ramses II., "Schützer des Sokar
in der Höhle"

Beischrift der Handlung:

"Räuchern seinem Vater Horus;
er tut es, damit Leben gegeben werde"

9. Der König opfert Lattich vor Amonre-Kamutef und Neith

Beischrift des Amonre-Kamutef:

"Worte sprechen: Ich gebe dir den
Thron des Geb. Amonre-Kamutef,
Herr des Himmels, der über seinem
großen Sitz"

Beischrift der Neith:

"Sie gibt alles Leben, Dauer,
Heil. Neith, die Große, die
Gottesmutter, Herrin des Him-
mels"

Beischrift des Königs:

Ramses II.,"den Amun mehr liebt
als jeden König"

Rede des Amun:

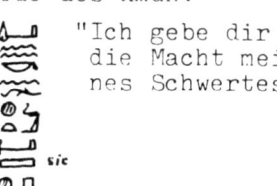

"Ich gebe dir
die Macht mei-
nes Schwertes"

Rede der Neith:

"Meine beiden Arme
sind in Jubelhal-
tung vor deinem
schönen Gesicht,
du Herr der beiden
Länder"

8

Beischrift der Handlung:

"Lattich geben seinem Vater; er tut es,
damit Leben gegeben werde"

10. Chons führt den König vor Amonre und Mut

Beischrift des Chons:

"Worte sprechen durch Chons-in-
Theben-Nfr-htp: Ich gebe dir alles Leben und Heil und alle Freude"

Beischrift des Königs:

Ramses II.,"dessen Kraft Amun
groß gemacht hat"

Beischrift des Amonre: Beischrift der Mut:

   "Worte sprechen: Ich
gebe dir das König-
tum des Re. Mut,
Herrin des Himmels"

9

3	2	
4		
5		1

Der nördliche Türpfosten des Außeneingangs ist fast
gänzlich zerstört; erhalten blieb nur ein Rest der

1. untersten Darstellung:

Der König kniet vor [.......]; hinter ihm schreibt Sš3.t
auf der Jahresrispe.

Beischrift des Königs bis auf einen Kartuschenrand verloren.

Beischrift der Sš3.t:

"Worte sprechen durch Sš3.t, die
Große, Sfh-ʿbw, Herrin der
Schriften, hohe Frau der Bücher:
Ich schreibe dir Hunderttausende
an Jahren auf"

Zu diesem Türpfosten gehört vermutlich ein loses Frag-
ment mit der Darstellung des Königs, der vor Ptah opfert.

Erhalten ist ein Rest der Beischrift zur Handlung:

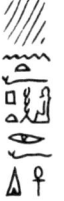

"[.......]seinem Vater Ptah; er tut es,
damit Leben gegeben werde"

2. Die nördliche Innenwand des Durchgangs, gegen die das
   Tor beim Öffnen schlug, ist mit dem sog. "Türschatten"
   geschmückt: in mehreren Reihen übereinander abwech-
   selnd die beiden Kartuschen-Namen des Königs, getrennt
   durch die Hieroglyphengruppe "alles Leben und Heil"

3 - 5 Nördliche Laibung am Westausgang des 1. Pylons

3. Der König opfert Blumen vor Amun

   Beischriften des Gottes und des Königs sind verloren.

   Rede des Amun:

   "Ich gebe dir die Lebenszeit des Re
                              im Himmel"

   Beischrift der Handlung:

   "Allerlei Blumen geben seinem Vater
                              Amun ...."

4. Der König spendet Wasser vor Chons und Amaunet

   Beischrift des Chons:

   "Chons-in-Theben-Nfr-ḥtp, Herr der
                                       Freude, Herr des Himmels."

11

Beischrift der Amaunet:

"Amaunet, wohnhaft in Karnak"
"Sie gibt Leben, Dauer, Heil"

Beischrift des Königs:

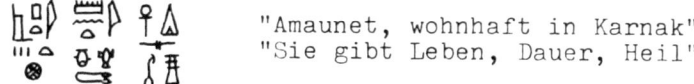

Ramses II.,"dem Leben wie Re gegeben
werde ewiglich"

Rede des Chons:

"Worte sprechen: Ich gebe dir das
Königtum des Atum"

Rede der Amaunet:

"Ich gebe dir eine Ewigkeit als König
der beiden Länder wie Re"

Beischrift der Handlung:

"Wasser spenden dem Chons; er tut es,
damit Leben gegeben werde"

12

5. Der König opfert die Maat vor Min und Isis

Beischrift des Min:

"Min von Koptos, der mit hohen Federn,
.........."

Beischrift der Isis:

"Isis, die Große, die Gottesmutter,
Herrin des Himmels. Sie gibt eine
Ewigkeit als König Ägyptens"

Beischrift des Königs:

Ramses II.,"dessen Kraft Re groß gemacht hat"

Rede der Isis:

"Ich gebe dir alles Leben und Heil
und alle Gesundheit bei mir"

Rede des Min:

      "Ich gebe dir das oberägyptische und das
      unterägyptische Königtum, indem du er-
      schienen bist auf dem Thron des Horus"

Beischrift der Handlung:

      "........die Maat dem Min"

Westliche Außenseite des Tores am Ersten Pylon

Die hier angebrachten Darstellungen sind von Ramses III.
in Medinet Habu genau kopiert worden, vgl. Medinet Habu
pl. 251.

Südlicher Türpfosten

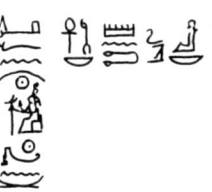

      "Er gibt" Ramses II. "alles Leben
      und Heil. Month, Herr von Theben"

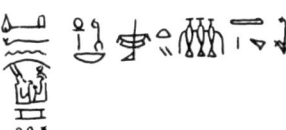

"Er gibt" Ramses II. "alles Leben
und Heil. Der Ombit an der Spitze
von Oberägypten"

"Er gibt" Ramses II. "alles Leben
und Heil. Schu, Sohn des Re, der
große Gott"

"Er gibt" Ramses II. "alles Leben
und Heil. Ṯnnwt"

"Er gibt" Ramses II. "alles Leben
und Heil. Suchos, wohnhaft im Palast, der große Gott"

".................[Wp-wȝw.t,] Leiter
der beiden Länder"

Die zwei untersten zerstörten Darstellungen zeigten
nach Medinet Habu "Chnum, den großen Gott" und "Sfḫ-
ᶜb.wj, Herrin der Schriften".

Nördlicher Türpfosten

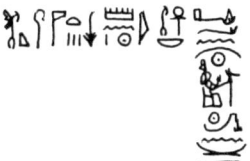 "Er gibt" Ramses II. "alles Leben und Heil. Amonrasonther, Herrscher von Theben"

 "Er gibt" Ramses II. "alles Leben und Heil. Atum, Herr der beiden Länder, der Heliopolitaner"

 "Er gibt" Ramses II. "alles Leben und Heil. Der von Edfu, der große Gott, der Herr des Himmels"

 "Sie gibt" Ramses II. "alles Leben und Heil. Hathor, Herrin von Dendera"

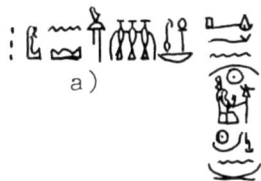

a)

"Er gibt" Ramses II. "alles Leben und Heil. Chontamenti"

a) korrigiert aus: ႯႯႯ

16

"Er gibt" Ramses II. "alles Leben und Heil. Geb, der große Gott, Herr des Himmels"

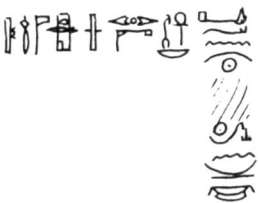

"Er gibt" Ramses II. "alles Leben und Heil. Min innerhalb des Palastes, der große Gott"

"Der Herr von Hermupolis, an der Spitze von Hsr.t, er gibt Millionen an Jahren und Hunderttausende an Leben und Heil"

Architrav

Süd, außen: Lauf des Königs vor  die sagt:

Beischrift des Königs:

Über ihm:

"Nechbet von Elkab, Herrin des Himmels, hohe Frau der Götter"

"Sie gibt Leben und Heil"

17

Beischrift der Handlung:

"Erstes Mal des Sedfestes; er möge sehr
viele feiern"

Mitte: Der König thront beim Sedfest

Beischrift des Königs: Ihm reicht

"der von Edfu, der gro-
ße Gott, der buntgefie-
derte, der Herr des Him-
mels" das Leben.

Beischrift der Wp-w3w.t-Standarte:

"Wp-w3w.t von Oberägypten, Leiter der bei-
den Länder; er gibt alles Leben, Dauer,
Heil, alle Gesundheit und alle Freude wie
Re ewiglich"

Nord, außen: Lauf des Königs vor die sagt:
Beischrift des Königs:

Über ihm:

"Wadjit von Dp und P, Herrin des Himmels, hohe Frau
der Götter"

"Sie gibt Leben und Heil"

Beischrift der Handlung: wie Süd

Mitte: Der König thront beim Sedfest

Beischrift des Königs: Ihm reicht

   "der von Ombos, Herr
                                          Oberägyptens" das Leben.

Beischrift der Wp-w3w.t-Standarte: wie Süd

Die Inschrift, die die Tür einfaßt

Nord und Süd, soweit erhalten, der gleiche Text:

"Worte Sprechen: Ich gebe dir alles Leben
und Heil bei mir; ich setze deine Annalen
mit Sedfesten fest, indem du erschienen
bist auf dem Thron des Horus," Ramses II.,
"dem Leben gegeben werde"

:Hier bricht der Text auf der Südseite
durch Zerstörung ab; wahrscheinlich
war hier als Königsname eingesetzt:

Die Darstellungen an den Osirispfeilern der Ostseite des zweiten Hofes

Erhalten sind nur die Pfeiler der Wand nördlich des Eingangs. An der Wand selbst sind die Kadeschschlacht und das Min-Fest abgebildet.

Pfeiler 12

Osirisfigur Westseite

Inschrift auf dem Körper:

"Der vollendete Gott, der Millionen bekämpft und Hunderttausende zusammen besiegt", Ramses II., "geliebt von Chons, dem Leben gegeben werde"

Rechts und links neben dem Kopf:

Der König gießt vor Ptah aus einem Gefäß

Beischrift des Ptah:

"Worte sprechen durch Ptah, Herrn
der Maat, den Schöngesichtigen,
der auf seinem großen Sitz: Ich
gebe dir eine Ewigkeit als König der beiden Länder"

Beischrift des Königs: Beischrift der Handlung:

   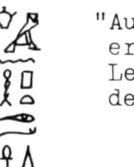

"Ausgießen dem Ptah;
er tut es, damit
Leben gegeben wer-
de"

Pfeiler 12, Nord, Mitte

Der König überreicht Sachmet eine Wasseruhr

Beischrift der Sachmet:

"Worte sprechen durch Sachmet,
die Große, die Geliebte des
Ptah. Worte sprechen: Ich gebe
dir alle Gesundheit bei mir"

Beischrift des Königs:

Rede der Sachmet:

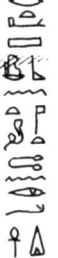

"Ich gebe dir Tap-
ferkeit und Stär-
ke; ich bezwinge
[dir] die Neunbogen"

Beischrift der Handlung:

"Geben einer Was-
seruhr dieser Göt-
tin; er tut es,
damit Leben gege-
ben werde"

Pfeiler 12, Nordseite, unten

Der König überweist den Tempel dem Amun

Beischrift des Amun:

"Worte sprechen durch Amonre, König
aller Götter: Ich schreibe dir auf
Süden, Norden, Westen und Osten zusammen"

Beischrift des Königs:

Beischrift der Handlung:

"Das Haus seinem
Herrn geben"

Rede des Amun:

"Ich veranlasse, daß deine Denkmäler dauernd und fest sind [wie] der Name des Atum in Heliopolis"

Pfeiler 12, Ost, oben

Der König opfert knieend Salbe vor Thot

Beischrift des Thot:

"Worte sprechen durch Thot, den Herrn von Hermupolis: Ich schreibe dir auf das Königtum und die Jahre des Horus als König der beiden Länder"

Beischrift des Königs:

Beischrift der Handlung:

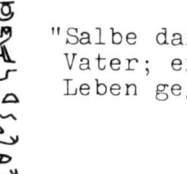

"Salbe darbringen seinem Vater; er tut es, damit Leben gegeben werde"

24

Pfeiler 12, Ost, Mitte

Der König opfert Weihrauch vor Chons

Beischrift des Chons:

"Worte sprechen durch Chons-Nfr-ḥtp:
Ich gebe dir Freude wie Re und alle
Gesundheit"

Beischrift des Königs: Beischrift der Handlung:

"Weihrauch und Was-
ser opfern seinem
Vater; er tut es,
damit Leben gegeben
werde"

Rede des Chons:

"Ich gebe dir alle Tapferkeit und
alle Stärke gegen alle Fremdländer"

<u>Pfeiler 12, Ost, unten</u>

Der König opfert Wein vor Amun

Beischrift des Amun:

"Worte sprechen durch Amonre,
Herrn von Karnak: Mein Sohn
meines Leibes, mein geliebter,
Horus, der die Maat liebt!
Ich gebe dir eine Ewigkeit
als König von Ober- und Unter-
ägypten"

Beischrift des Königs: Rede des Amun:

Über ihm:

"[Ich gebe dir] Tapfer-
keit wie die des Month
und alle Stärke wie die
des Sohnes der Nut"

Beischrift der Handlung:

"Wein spenden dem
Amonre; er tut
es, damit Leben
gegeben werde"

26

Pfeiler 12, Süd, oben

Der König opfert knieend die Maat vor Atum

Beischrift des Atum:

"Worte sprechen durch Atum, den Herrn der beiden Länder, den Heliopolitaner, wohnhaft im Ramesseum-in-der-Amundomäne: Ich gebe dir eine Ewigkeit an Unendlichkeit als Herrscher der Freude"

Beischrift des Königs:

Beischrift der Handlung:

"Die Maat opfern seinem Vater; er tut es, damit Leben gegeben werde"

Pfeiler 12, Süd, Mitte

Der König opfert Milch vor Mut

Beischrift der Mut:

"Worte sprechen durch Mut, die Herrin des Himmels, die hohe Frau der Götter: Ich gebe dir Leben und Heil wie Re"

Beischrift des Königs: Rede der Mut:

"Ich gebe dir alle
Länder und alle Fremd-
länder unter deine
Sohlen"

Beischrift der Handlung:

"Milch darbringen der Herrin der beiden
Länder; er tut es, damit Leben gegeben
werde"

Pfeiler 12, Süd, unten

Der König opfert Milch vor Amonre

Beischrift des Amonre:

"Worte sprechen durch Amonre, Herrn von
Karnak: Ich gebe dir meine Kraft gegen
alle Fremdländer"

Rede des Amun:

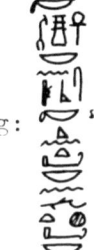

"Ich gebe dir alles Leben,
Dauer, Heil, alle Gesund-
heit, alle Tapferkeit und
alle Stärke"

Beischrift der Handlung:

        "Milch geben"

28

Beischrift des Königs:

Über ihm:

Pfeiler 13, West, Osirisfigur

Inschrift auf dem Körper:

"Der vollendete Gott, mächtig an Kraft, groß an Stärke, der alle Fremdländer abschlachtet," Ramses II.,"geliebt von Mut, dem Leben gegeben werde"

Rechts und links neben dem Kopf:

<u>Pfeiler 13, Nord, oben</u>

Der König opfert knieend Wasser vor Chons

Beischrift des Chons:

"Worte sprechen durch Chons-in-
Theben-Nfr-ḥtp: Ich gebe dir
alle Tapferkeit wie Re täglich"

Beischrift des Königs: Beischrift der Handlung:

"Wasser spenden seinem
Vater; er tut es, da-
mit Leben gegeben
werde"

<u>Pfeiler 13, Nord, Mitte</u>

Der König opfert ein Weißbrot vor Amonrasonther

Beischrift und Rede des Amonrasonther:

"Worte sprechen durch Amonrasonther, Herr des Himmels, Herrscher
von Theben: Ich gebe dir die Lebenszeit des Re und seine Jahre
als König"

Beischrift des Königs:

Beischrift der Handlung:

 "Ein Weißbrot 'schla-
gen' für seinen Vater
Amun; er tut es, da-
mit Leben gegeben
werde"

Pfeiler 13, Nord, unten

Der König opfert Wein vor Amonre

Beischrift des Amun:

 "Worte sprechen durch Amonre, Herrn
des Himmels, König der Götter; Worte
sprechen: Ich gebe dir die Lebenszeit
des Re und die Jahre des Atum"

Beischrift des Königs:

Über ihm:

Beischrift der Handlung:

 "Wein spenden seinem
Vater Amun; er tut es,
damit Leben gegeben
werde"

31

Rede des Amun:

> "Ich gebe dir eine Ewigkeit als König
> beider Länder"

Pfeiler 13, Ost, oben

Der König opfert knieend Wein vor Re-Harachte

Beischrift des Re-Harachte:

> "Worte sprechen durch Re-Harach-
> te, den großen Gott, den Herrn
> des Himmels, wohnhaft im Rames-
> seum-in-der-Amundomäne: Ich
> gebe dir eine Ewigkeit (als)
> König, der du erschienen bist
> auf dem Thron des Atum"

Beischrift des Königs: Beischrift der Handlung:

   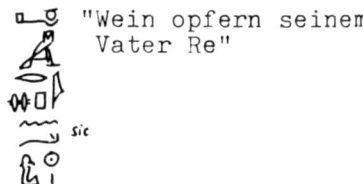

> "Wein opfern seinem
> Vater Re"

Pfeiler 13, Ost, Mitte

Der König opfert Weihrauch vor Amonre-Kamutef

Beischrift des Amonre-Kamutef:

"Worte sprechen durch Amonre-
Kamutef: Ich gebe dir alles
Leben, Dauer, Heil und alle
Gesundheit wie die des Re"

Beischrift des Königs:

Rede des Amonre-Kamutef:

"Ich gebe dir das Kö-
nigtum des Geb"

Beischrift der Handlung:

"Räuchern seinem Vater Min; er tut es,
damit Leben gegeben werde"

Pfeiler 13, Ost, unten

Der König opfert Wasser vor Amonre

Beischrift des Amonre:

 *sic*

"Worte sprechen durch Amonre, Herrn
des Himmels, Herrscher von Theben:
Ich gebe dir Sieg gegen alle Fremdländer und den Schrecken vor dir in
ihre Leiber in Ewigkeit"

Beischrift des Königs:

Beischrift der Handlung:

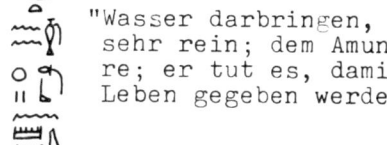

"Wasser darbringen,
sehr rein; dem Amun-
re; er tut es, damit
Leben gegeben werde"

Rede des Amun:

"Ich vereinige dir Binse und
[Papyrus und ....] das Testa-
ment deiner Faust"

Pfeiler 13, Süd, oben

Der König opfert knieend Salbe vor Amonre

Beischrift des Amun:

"Worte sprechen durch Amon[re....]:
Ich gebe dir alles Leben, Dauer,
Heil"

Beischrift des Königs:

Beischrift der Handlung:

"Salbe darbringen; er
tut es, damit Leben
gegeben werde"

34

<u>Pfeiler 13, Süd, Mitte</u>

Der König überreicht einen Untersatz mit Gefäßen, die
Früchte enthalten, der Mut

Beischrift der Mut:

"Worte sprechen durch Mut, Herrin
von Išrw, Herrin des Himmels,
hohe Frau der Götter: Ich gebe
dir die Jahre des Atum"

Beischrift des Königs: Rede der Göttin:

"Ich gebe alle Furcht in
die Herzen der Neunbo-
gen, allen Schrecken in
ihre Leiber in Ewig-
keit"

Über ihm:

Beischrift der Handlung:

"Früchte geben
ihrer Herrin"

<u>Pfeiler 13, Süd, unten</u>

Der König gießt vor Amonre Wasser aus

Beischrift des Amonre:

"Worte sprechen durch Amonre, den
Herrn von Karnak: Ich gebe dir das
Königtum des Atum und die Jahre des
Horus als König"

35

Beischrift des Königs:

Über ihm:

Rede des Amun:

"Alle Länder und alle
Fremdländer zusammen
sind unter deinen
Sohlen ewiglich"

Beischrift der Handlung:

"Mit der Wasser-
kanne huldigen
seinem Vater
Amonre; er tut
es, damit Leben
gegeben werde"

Pfeiler 14, West, Osirisfigur

"Der vollendete Gott, erschienen in seinem
Totentempel, nachdem er die Erde gefüllt
hatte mit seiner Vollendung", Ramses II.
"............."

Rechts und links neben dem Kopf:

Pfeiler 14, Nord, oben

Der König opfert kniend einen Opferhaufen vor Osiris

Beischrift des Osiris:

"Worte sprechen durch Osiris, den Herrn von Abydos: Ich gebe dir eine Ewigkeit als König der beiden Länder und eine Unendlichkeit auf dem Thron [des Horus]"

Beischrift des Königs:

Beischrift der Handlung:

"Eine Opfertafel dem Herrn der Ewigkeit überreichen"

Pfeiler 14, Nord, Mitte

Der König opfert Milch vor Isis

Beischrift der Isis:

"Worte sprechen durch Isis, die Große, die Gottesmutter: Ich gebe dir Leben, Dauer, Heil, alle Gesundheit und alle [Freude]"

Beischrift des Königs:

37

Rede der Isis:

 "Deine Denkmäler
sollen bleiben
wie der Himmel
und deine Lebens-
zeit wie die des-
sen, der in ihm
ist"

Beischrift der Handlung:

 "Milch spenden seiner
Mutter Isis, er tut
es, damit Leben gege-
ben werde"

Pfeiler 14, Nord, unten

Der König opfert Wein vor Amonrasonther

Beischrift des Amonre:

 "Worte sprechen durch Amonre, König
der Götter, wohnhaft im Ramesseum-
in-der-Amondomäne: Ich gebe dir
die Lebenszeit des Re im Himmel"

Beischrift des Königs:

   Über ihm:

Beischrift der Handlung:

 "Wein spenden seinem
Vater Amonre; er tut
es, damit Leben gege-
ben werde"

38

Rede des Amun:

>"Ich gebe [die Furcht vor dir] durch
>die Fremdländer, [indem sie] in ihnen
>[brennt(?)] ebenso wie die Flamme"

Pfeiler 14, Ost, oben

Der König opfert knieend Salbgefäße vor Ḥprj

Beischrift des Ḥprj:

>"Worte sprechen durch Ḥprj in
>seinem Schiff; Worte sprechen:
>Ich gebe dir eine Ewigkeit an
>Sedfesten, der du erschienen
>bist auf dem Thron des Atum"

Beischrift des Königs: Keine Beischrift der
                                          Handlung

Über ihm:

39

Pfeiler 14, Ost. Mitte

Der König opfert Gefäße mit Früchten vor Nb.t-Ḥtp.t

Beischrift der Nb.t-Ḥtp.t:

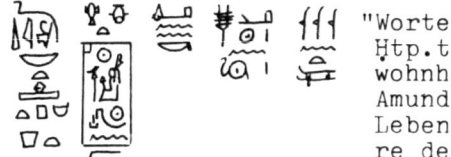

"Worte sprechen durch Nb.t-
Ḥtp.t, hohe Frau der Götter,
wohnhaft im Ramesseum-in-der-
Amundomäne: Ich gebe dir die
Lebenszeit des Re und die Jah-
re des Atum"

Beischrift des Königs: Text vor Nb.t-Ḥtp.t:

Über ihm:

"ihr(em) geliebten Sohn,
(dem) Herr(n) der bei-
den Länder Wsr-mꜣ°.t-
R°-štp-n-R°, Schützer
der Herrin von Helio-
polis"

Beischrift der Handlung:

"Früchte geben;
er tut es, damit
Leben gegeben
werde"

Pfeiler 14, Ost, unten

Der König opfert Milch vor Amonre

Beischrift des Amonre:

"Worte sprechen durch Amonre, König
aller Götter; Worte sprechen: Ich
gebe dir die Kraft der beiden Herren
und ihre Anteile in Leben und Heil"

40

Beischrift des Königs:

Rede des Amun:

"Ich gebe dir Tapferkeit
gegen den Süden und
Stärke gegen den Nor-
den"

Beischrift der Handlung:

"Milch darbrin-
gen seinem Vater
Amun; er tut es,
damit Leben ge-
geben werde"

Pfeiler 14, Süd, oben

Der König opfert knieend die Maat vor Re-Harachte

Beischrift des Re-Harachte:

"Worte sprechen durch Re-Harachte,
den großen Gott, den Herrn des
Himmels, wohnhaft im Ramesseum-
in-der-Amundomäne: Ich gebe dir
eine Ewigkeit als König beider
Länder"

Beischrift des Königs:

Über ihm:

Beischrift der Handlung:

"Die Maat darbringen
seinem Vater; er tut
es, damit Leben ge-
geben werde"

41

<u>Pfeiler 14, Süd , Mitte</u>

Der König opfert Weihrauch vor Iw.ś-ᶜȝ.ś

Beischrift der Iw.ś-ᶜȝ.ś:

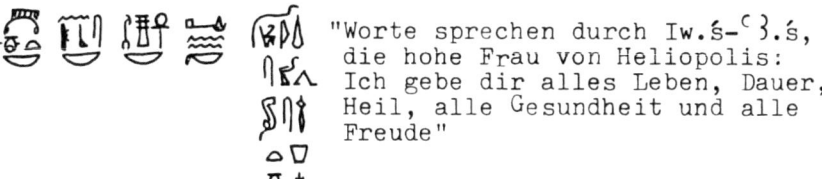 "Worte sprechen durch Iw.ś-ᶜȝ.ś,
die hohe Frau von Heliopolis:
Ich gebe dir alles Leben, Dauer,
Heil, alle Gesundheit und alle
Freude"

Beischrift des Königs: Rede der Iw.ś-ᶜȝ.ś:

 Über ihm:    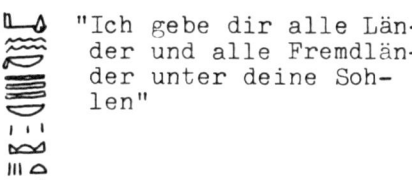 "Ich gebe dir alle Län-
der und alle Fremdlän-
der unter deine Soh-
len"

Beischrift der Handlung:

   "Weihräuchern seiner Mutter; er tut es,
damit Leben gegeben werde"

Pfeiler 14, Süd, unten

Der König bei einer Opferhandlung vor Amonre; die Handlung selbst ist nicht mehr zu erkennen.

Beischrift des Amun:

 "Worte sprechen durch Amonre, den Herrn von Karnak; Worte sprechen: Ich gebe dir eine Ewigkeit an Sed-Festen und eine Unendlichkeit an Leben, Dauer und Heil wie Re"

Beischrift des Königs: Rede des Amun:

    "Ich gebe dir die Lebenszeit des Re......."

Beischrift der Handlung:

   "............seinem Vater] Amonre; er tut es, damit Leben gegeben werde wie Re täglich"

Pfeiler 15, West, Osirisfigur

"Der vollendete Gott, groß an Denkmälern,
der handelt, und sie entstehen sofort",
Ramses II., geliebt von Amonre, dem Leben
gegeben werde"

Rechts und links neben dem Kopf:

Pfeiler 15, Nord, oben

Der König opfert knieend Salbe vor Amonre

Beischrift des Amonre:

"Worte sprechen durch Amonre, König
aller Götter: Ich gebe dir alles
Leben, Dauer, Heil und alle Gesundheit"

Beischrift des Königs: Beischrift der Handlung:

      "Salbe darbringen;
er tut es, damit
Leben gegeben wer-
de"

Pfeiler 15, Nord, Mitte

Der König opfert vor Mut aus einem Wassergefäß

Beischrift der Mut:

   "Worte sprechen durch Mut, die
Herrin des Himmels: Ich gebe dir
die Lebenszeit des Re"

Beischrift des Königs: Rede der Mut:

      "Ich gebe dir eine
Ewigkeit als König
der beiden Länder,
der du erschienen
bist auf dem Thron
des Atum"

Beischrift der Handlung:

   "Mit der Wasserkanne huldigen der
Herrin der beiden Länder; er tut
es, damit Leben gegeben werde"

45

Pfeiler 15, Nord, unten

Der König opfert Wein vor Chons

Beischrift des Chons:

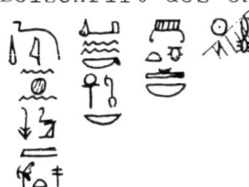

"Worte sprechen durch Chons-in-
Theben-Nfr-ḥtp: Ich gebe dir
alles Leben und Heil und alle
Freude wie Re"

Beischrift des Königs:

Beischrift der Handlung:

" [Wein spenden] seinem
[Vater;] er tut es,
damit Leben gegeben
werde"

Rede des Chons ist weg-
gebrochen

Pfeiler 15, Ost, oben

Der König opfert knieend Wasserkannen dem Amonre

Beischrift des Amonre:

"Worte sprechen durch
Amonre, Herrn des
Himmels: Ich gebe
dir alles Leben und
Heil wie Re"

Beischrift des Königs:

Über ihm:

46

Pfeiler 15, Ost, Mitte

Der König opfert Weißbrot vor Ptah

Beischrift des Ptah:

"Worte sprechen durch Ptah, den
Herrn der Maat, König der beiden
Länder: Ich gebe dir eine Ewigkeit
als Re der beiden Länder"

Beischrift des Königs: Beischrift der Handlung:

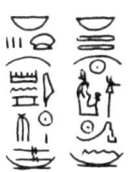
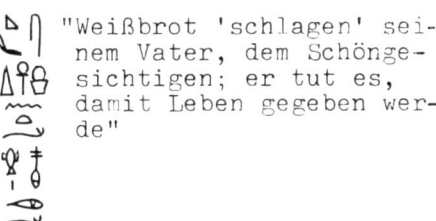
"Weißbrot 'schlagen' sei-
nem Vater, dem Schönge-
sichtigen; er tut es,
damit Leben gegeben wer-
de"

Pfeiler 15, Ost, unten

Der König bringt der Sachmet Beutel dar

Beischrift der Sachmet:

"Worte sprechen durch Sachmet,
die Große, die Herrin des Himmels, wohnhaft im Ramesseum-in-
der-Amundomäne: Ich gebe dir
die Länder in Frieden ...."

Beischrift des Königs:

47

Pfeiler 15, Süd, oben

Der König opfert knieend Gefäße vor Osiris

Beischrift des Osiris:

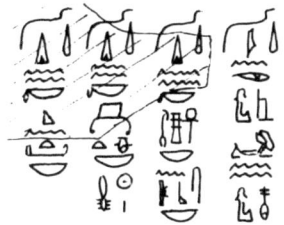

"Worte sprechen durch Osiris-Wnn-
nfr; Worte sprechen: [Ich gebe] dir
alles Leben, Dauer, Heil und alle
Gesundheit; Worte sprechen: [Ich
gebe dir] alle Freude wie Re; [Worte
sprechen: Ich gebe dir] alle [Tap-]
ferkeit"

Beischrift des Königs:

Pfeiler 15, Süd, Mitte

Der König räuchert vor Atum

Beischrift des Atum:

"Worte sprechen durch Atum,
Herrn der beiden Länder, den
Heliopolitaner; Worte sprechen:
Ich gebe dir eine Ewigkeit an
Sedfesten; Worte sprechen: Ich
gebe dir Leben, Dauer, Heil
wie Re ewiglich"

Beischrift des Königs:

Über ihm:

48

Rede des Atum: Beischrift der Handlung:

 "Ich gebe dir meine    "Weihräuchern seinem
    Lebenszeit auf Er-   Vater; er tut es,
    den"   damit Leben gegeben
                          werde wie Re"

Pfeiler 15, Süd unten

Der König spricht eine Weihung vor Amonrasonther

Beischrift des Amonrasonther:

 "Worte sprechen durch Amonrasonther,
    Herrn des Himmels; Worte sprechen:
    Ich gebe dir alle Länder und alle
    Fremdländer wie Re"

Beischrift des Königs: Beischrift der Handlung:

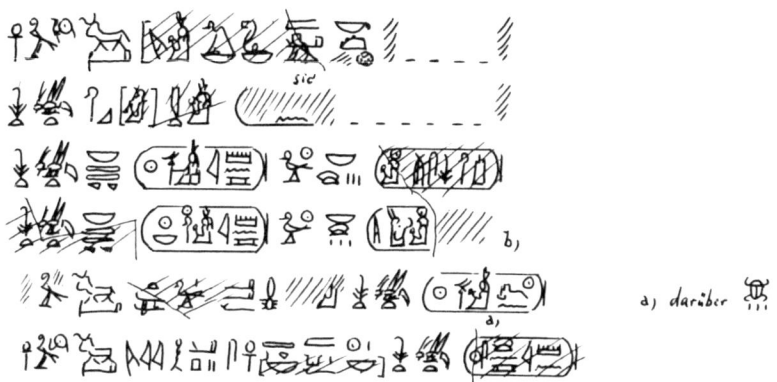

Säule 21

Der König opfert Wein vor Sokar-Osiris und Sachmet

Beischrift des Sokar-Osiris:

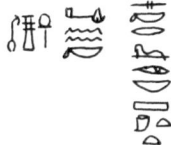

"Sokar-Osiris, Herr des Geheimgemachs:
Ich gebe dir Leben, Dauer, Heil"

Beischrift des Königs: Rede des Sokar:

Über ihm:

 "Ich gebe dir -ich gebe
dir(!) Länder und Fremd-
länder zusammen unter
deine Sohlen"

Beischrift der Sachmet:

"Worte sprechen durch Sachmet, die
Große, Geliebte des Ptah: Ich gebe
dir Tapferkeit gegen alle Fremdländer"

Rede der Sachmet:

"Ich gebe dir die Neun-
bogenvölker niederge-
worfen der Macht des
Königs ewiglich"

Beischrift der Handlung:

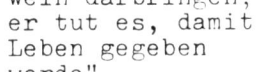

"Wein darbringen;
er tut es, damit
Leben gegeben
werde"

51

<u>Säule 22</u>

Der König räuchert vor Harsiese und Isis

Beischrift des Harsiese:

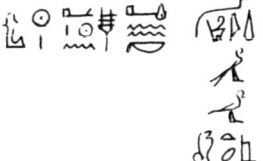   "Worte sprechen durch Harsiese:
         Ich gebe dir die Lebenszeit des
         Re"

Beischrift des Königs: Rede des Hersiese:

   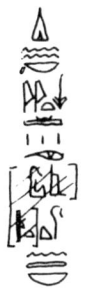
                                "Ich gebe dir das König-
                                tum des Os[iris] und die
                                Herrschaft der ganzen
                                Welt"

Beischrift der Isis:

                        "Worte sprechen durch Isis, die
                        Große, die Gottesmutter:

                        Rede der Isis:

Beischrift der   "Ich gebe dir alles Leben,
Handlung: Dauer, Heil, alle Gesund-
                                heit, alle [Freude] durch
   deine Glieder"
         "Weihräuchern
         seinem Vater
         Horus; er tut
         es, damit Le-
         ben gegeben
         werde"

52

Säule 28

Der König opfert Wein vor Amun und Mut

Beischrift des Amun:

"Worte sprechen durch Amonre, Herrn von Karnak: Ich gebe dir alles Leben, Dauer, Heil bei mir"

Beischrift des Königs: Rede des Amun:

"Ich lasse dir [deine] Denkmäler [dauern wie der Himmel]"

Beischrift der Mut:

"Worte sprechen durch Mut, die hohe Frau der Götter: Ich gebe dir Leben, Dauer, Heil wie Re"

Rede der Mut:

Beischrift der Handlung:

"Wein darbringen seinem Vater Amun; er tut es, damit Leben gegeben werde"

"Ich gebe dir das Königtum des Atum und die Lebenszeit des Re im Himmel"

53

Inschriften auf den Architraven und Kapitelen

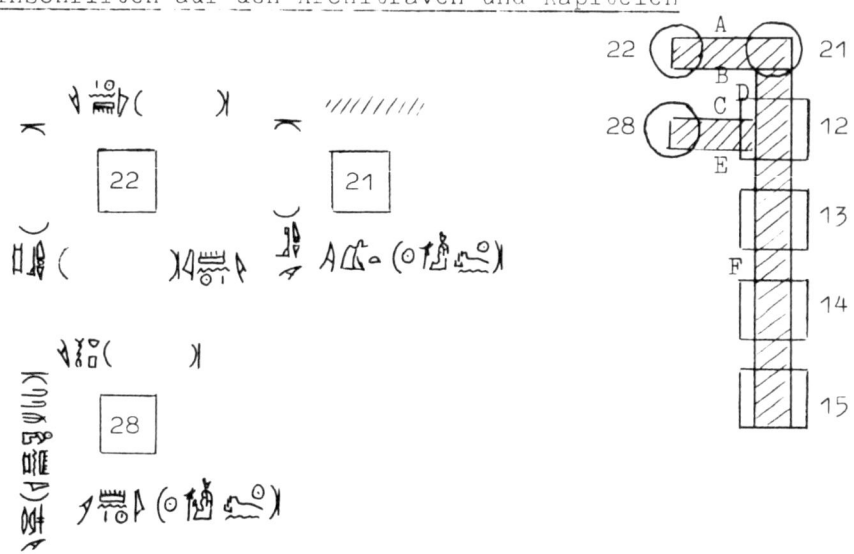

A.

"...aus Tannenholz vom Libanon, beschlagen mit Elektron. Ich tat es ihm,....."

B.

".......beschlagen mit Elektron, dem Besten der Fremdländer. Ich tat es ihm,...."

C.

".......allein, indem kein anderer bei ihm war; Sohn des Re ...."

D.

"......----. Ich werfe dir die Neunbogen unter deine
Sohlen. Du verbringst Millionen von Jahren wie Atum,
indem dein Totentempel wie der Horizont ist, wenn die
Sonnenscheibe darin ist. Sokar und Nefertem ruhen darin ewiglich. Nützlich ist er für Millionen. Ich tue
es ihm,......"

Unter dem Architrav von Säule 21 bis Pfeiler 15

Aufschriften auf den Basen im Norden des Hofes

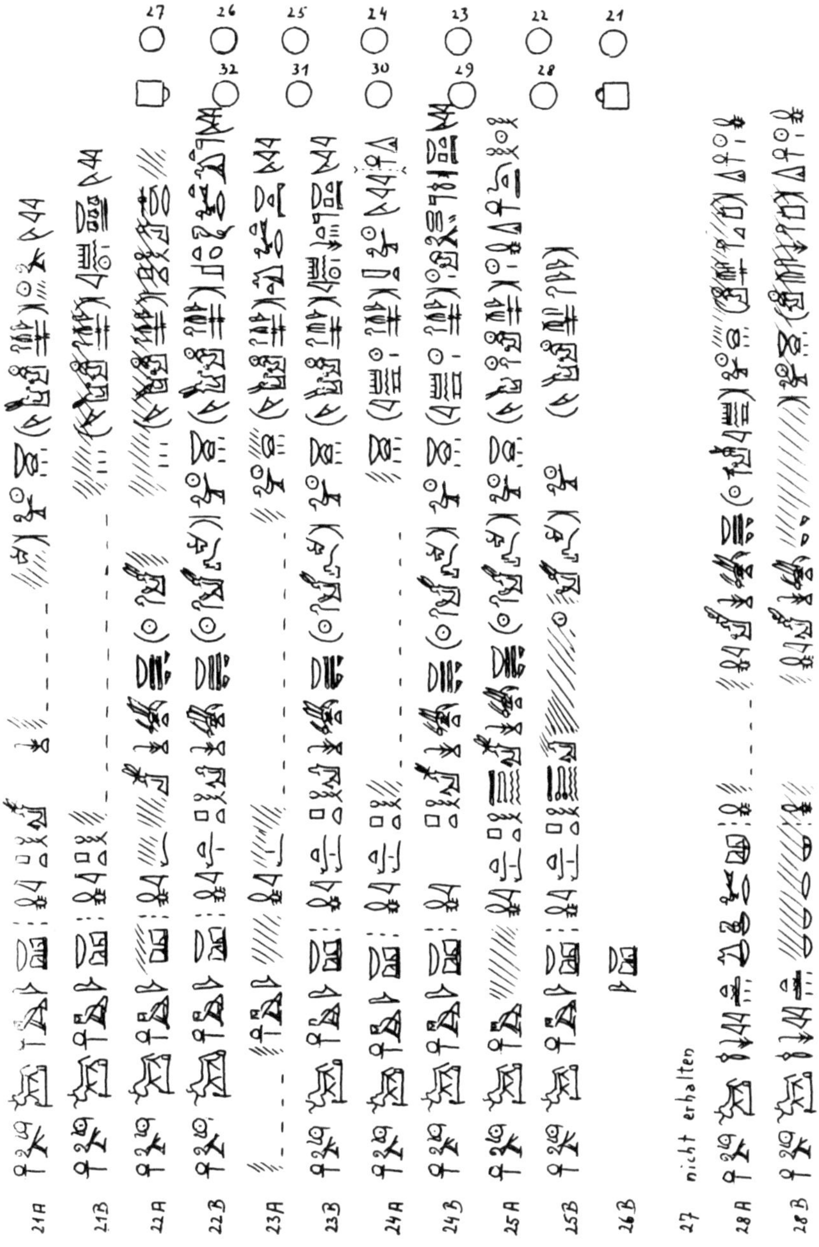
21A
21B
22A
22B
23A
23B
24A
24B
25A
25B
26B
27 nicht erhalten
28A
28B
29 nicht erhalten

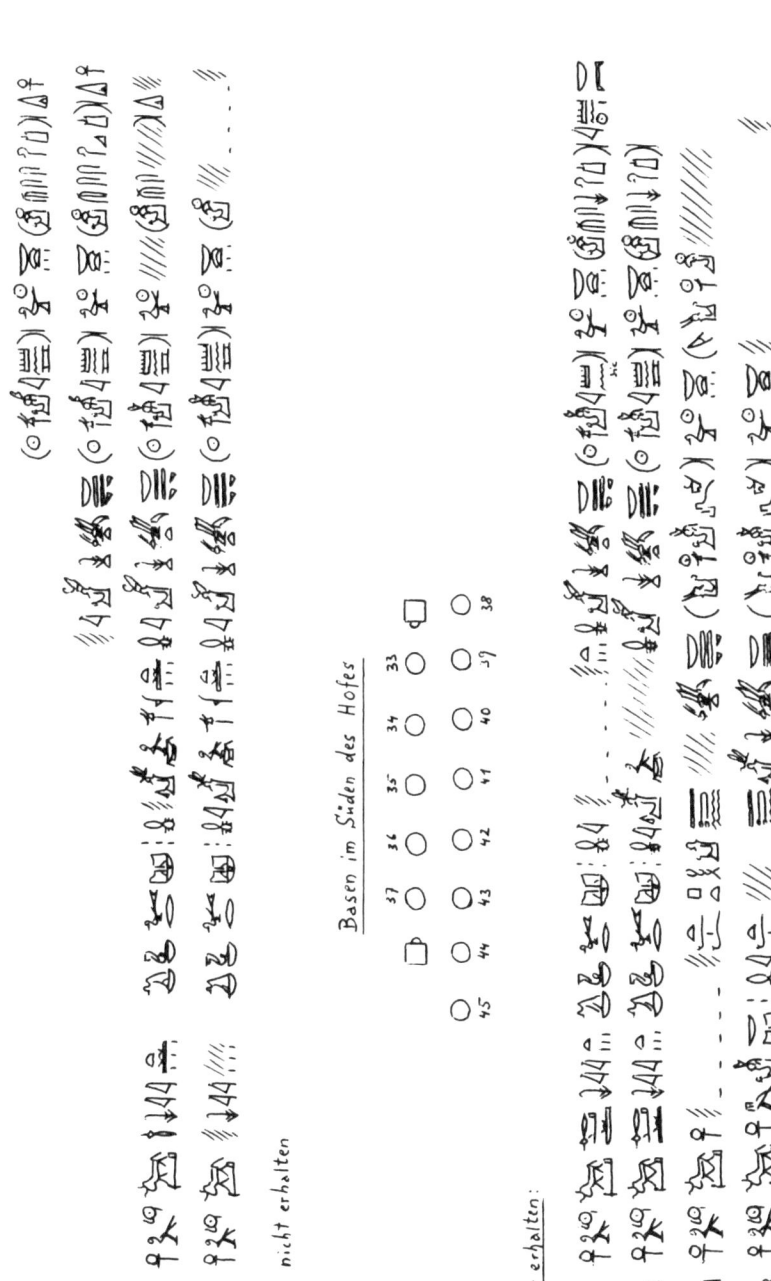

30 A

30 B

31 A

31 B

32 nicht erhalten

Basen im Süden des Hofes

37 36 35 34 33

43 42 41 40 39 38

44

45

Nur erhalten:

33 A

33 B

42 A

42 B

57

Pfeiler 20, Ost, Osirisfigur

"Der vollendete Gott, groß an Königtum, mit hoher Lebenszeit, vollendet wie Re", Ramses II., "geliebt von Mut, der Herrin des Himmels, dem Leben gegeben werde"

Rechts und links vom Kopf:

Pfeiler 20, Nord, oben

Der König opfert aus der Wasserkanne vor Ptah

Beischrift über Ptah:

 "Ptah, Herr der Maat, König der beiden Länder, der Schöngesichtige, der die Handwerksstuben schafft, der Herr des Himmels"

Beischrift des Königs: Rede des Ptah:

  "Worte sprechen: Ich
gebe dir eine Ewig-
keit an Leben und H
Heil und eine Unend-
lichkeit als Herr-
scher der Freude"

Über ihm:

Beischrift der Handlung:

   "Huldigen mit der Wasserkanne;
er tut es, damit Leben gegeben
werde"

Pfeiler 20, Nord, unten

Der König opfert Wein vor Seth

Beischrift des Seth:

"Worte sprechen durch den Ombiten,
den [Herrn] von Oberägypten: Ich
gebe dir meine Kraft gegen alle
Fremdländer"

Beischrift des Königs: Rede des Gottes:

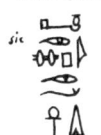
Über ihm:  "Ich gebe dir die
Lebenszeit des Re"

Beischrift der Handlung:

   "Wein Darbringen;
er tut es, damit
Leben gegeben werde"

59

Am Sockel:

Pfeiler 20, West, oben

Der König opfert Blumen vor Amonre

Beischrift des Amonre:

 "Worte sprechen durch Amonre,
Herrn von Karnak: Ich gebe dir
das Königtum des Re, die Jahre
und die Lebenszeit des Re im
Himmel"

Beischrift des Königs: Beischrift der Handlung:

Über ihm:

"Blumen geben seinem
Vater Amun; er tut es,
damit Leben gegeben
werde"

Pfeiler 20, West, unten

Der König räuchert und übergibt einen Spiegel der Tefnut

Beischrift der Tefnut:

 "Worte sprechen durch Tefnut, die
hohe Frau der beiden Länder: Ich
gebe dir eine Ewigkeit an Leben,
Dauer, Heil, eine Unendlichkeit
als König"

60

Beischrift des Königs:

Rede der Tefnut:

"Ich lasse alle deine Siege groß sein in allen Ländern"

Beischrift der Handlung:

"Weihräuchern und Wasser spenden; er tut es, damit Leben gegeben werde"

Inschriften am Sockel:

Pfeiler 20, Süd, oben

Der König steht Hand in Hand mit Chons

Beischrift des Chons:

"Worte sprechen durch Chons: Ich gebe dir alles Leben und Heil wie Re täglich"

Beischrift des Königs:

Rede des Chons:

"Ich gebe dir Leben
[und Heil,] Horus, du
Geliebter der Maat"

Pfeiler 20, Süd, unten

Der König opfert kniend aus einer Wasserkanne vor Amonre

Beischrift des Amonre:

"Worte sprechen durch Amonre, Herrn von
Karnak: Ich gebe dir alles Leben, Dauer
und Heil bei mir"

Beischrift der Handlung:

"Mit der Wasserkanne huldigen....."

Sockelinschriften:

Beischrift des Königs:

Über ihm:

62

"Der vollendete Gott, zufrieden mit der Stärke,
Herr der Kraft wie Month", Ramses II.,"geliebt
von Chons, dem Leben gegeben werde"

Rechts und links vom Gesicht:

An der Plinthe

vorn:

Seite:

An der Schranke zu Pfeiler 22:

".........in allem, was getan wird
ebenso; deine Lebenszeit ist wie
die dessen, der im Schiff ist"

63

<u>Pfeiler 21, Nord, oben</u>

Der König überreicht einen Untersatz mit Gefäßen, die
Früchte enthalten, der Mut

Beischrift des Königs:

Ramses II., "geliebt von
Mut, Herrin des Himmels"

Über ihm:

Rede der Mut: Beischrift der Handlung:

"Ich lasse dir
deinen Toten-
tempel bestehen
in Ewigkeit"

"Fruchtgefäße geben
seiner Mutter Mut;
er tut es, damit
Leben gegeben werde"

<u>Pfeiler 21, Nord, unten</u>

Der knieende König opfert ein Weißbrot vor Amonre

Beischrift des Amun:

"Worte sprechen durch Amonre, Herrn von
Karnak, Herrn des Himmels; Worte sprechen:
Ich gebe dir alles Leben, Dauer, Heil bei
mir"

64

Beischrift des Königs:

Über ihm:

Rede des Amun:

"Ich gebe dir.....
.....'"

Basisinschriften:

Pfeiler 21, West, oben

Der König räuchert vor Amonre

Beischrift des Amonre:

"Worte sprechen durch Amonre, den Herrscher von Theben: Ich gebe dir die
Kraft des Month"

Beischrift des Königs:

Über ihm:

Rede des Amonre:

"Ich gebe dir die Tap-
ferkeit und Stärke
gegen alle verborgenen
Fremdländer"

Beischrift der Handlung:

"Weihräuchern dem
Amun; er tut es,
damit Leben ge-
geben werde"

Pfeiler 21, West, unten

Der König opfert die Maat vor Schu

Beischrift des Schu:

"Worte sprechen durch Schu, den Sohn des Re: Ich gebe dir das Königtum, das ich ausgeführt habe"

Beischrift des Königs:

Über ihm:

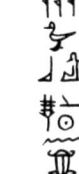

Rede des Schu:

"Ich gebe dir die Jahre des Geb und die Lebens- zeit des Hprj"

Beischrift der Handlung:

"Darreichen der Maat dem Richter der Wahr- heit; er tut es, da- mit Leben gegeben werde"

Basisinschriften:

66

Der König opfert Blumen vor Hathor

Beischrift der Hathor:

 "Worte sprechen durch Hathor, Herrin von Ḏśr.t: Ich gebe dir den Thron deines Vaters Re täglich"

Beischrift des Königs: Rede der Hathor:

  "Ich lasse dein Denk-mal bestehen und gebe deine Beliebtheit dem König der Götter"

Beischrift der Handlung:

 "Blumen geben der Herrin des Himmels; er tut es, damit Leben gegeben wer-de"

Pfeiler 21, Süd, unten

Der König opfert Salbe vor Upuaut

Beischrift des Upuaut:

"Worte sprechen durch Upuaut von
Oberägypten, Leiter der beiden
Länder: Ich gebe dir die Länder
und Fremdländer und die Neunbogen insgesammt unter deine
Sohlen, wie es dein Vater Amun
befohlen hat"

Beischrift des Königs: Rede des Upuaut:

"Ich öffne dir jeden
vollendeten Weg, der
vor deiner Majestät
ist"

Über ihm:

Beischrift der Handlung:

"Salbe geben seinem
Vater; er tut es,
damit Leben gege-
ben werde"

Basisinschriften:

68

Pfeiler 22, Ost, Osirisfigur

"Der vollendete Gott, der Denkmäler für seinen Vater, den Herrn des geschützten Landes, aufstellen ließ", Ramses II.,"geliebt von Atum, den Herrn von Heliopolis, dem Leben gegeben werde"

Rechts und links neben dem Kopf:

Plinthe vorn:

Seite:

Auf der Schranke nach Pfeiler 23:

"....,"Ramses II.,"erschienen im Tempel seines Vaters Amun; ....die Jahre des Atum als Herrscher der beiden Länder"

Pfeiler 22, Nord, oben

Der König opfert Milch vor Harsiese

Beischrift des Harsiese:

"Worte sprechen durch Harsiese: Ich gebe dir alles Leben, Dauer, Heil"

Beischrift des Königs:

Rede des Harsiese:

"Ich gebe dir meine Jahre als König der Länder"

Beischrift der Handlung:

"Milch geben; er tut es, damit Leben gegeben werde"

Pfeiler 22, Nord, unten

Der König opfert Wein vor Nephthys

Beischrift der Nephthys:

"Worte sprechen durch Nephthys, die Herrin des Himmels, die hohe Frau der beiden Länder: Ich gebe dir Tapferkeit, Stärke und alle Kraft wie Re täglich"

Beischrift des Königs:

 Über ihm:

Rede der Nephthys:

"Ich gebe dir den
Thron des Geb und die
Lebenszeit des Re im
Himmel"

Beischrift der Darstellung:

 "Wein darbringen;
er tut es, damit
Leben gegeben
werde"

Basisinschrift:

Pfeiler 22, West, oben

Der König opfert Milch dem Amonre

Beischrift des Amonre:

 "Worte sprechen durch Amonre, den Herrn
von Karnak: Ich gebe dir alle Tapferkeit
bei mir"

Beischrift des Königs:

 Über ihm:

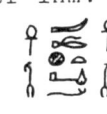

Rede des Amonre:

 "Ich gebe dir alle
Länder und alle
Fremdländer zusam-
men unter deine
Sohlen"

Beischrift der Handlung:

 "Milch geben dem
Amun; er tut es,
damit Leben ge-
geben werde"

Pfeiler 22, West, unten

Der König räuchert vor Maat

Beischrift der Maat:

 "Worte sprechen durch Maat, die
Tochter des Re, die Gepriesene
des Re: Ich gebe dir die Südlichen, die Nördlichen und die
Neunbogen insgesamt unter deine Sohlen"

Beischrift des Königs:

Beischrift der Handlung:

"Das Opfer weihen"

Über ihm:

72

Rede der Maat:

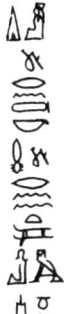

"Ich lasse deinen Namen fest sein wie der
Name des Atum in Heliopolis fest ist"

Die Basisinschriften sind bis auf
einen Rest am Anfang der ersten Zeile:

zerstört.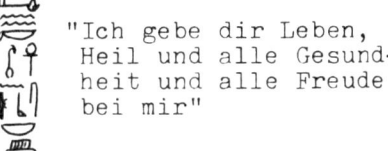

Pfeiler 22, Süd, oben

Der König spendet Wasser vor Isis

Beischrift der Isis:

"[Worte sprechen durch Isis,] die Große,
die Gottesmutter:............"

Beischrift des Königs: Rede der Isis:

   "Ich gebe dir Leben,
                                         Heil und alle Gesund-
                                         heit und alle Freude
Über ihm: bei mir"

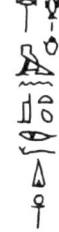

Beischrift der Handlung:

"Mit dem Wasserkrug
der Isis huldigen;
er tut es, damit
Leben gegeben werde"

73

Pfeiler 22, Süd, unten

Der König opfert Wein vor Nut

Beischrift der Nut:

 "Worte sprechen durch Nut, die die Götter gebar; Worte sprechen: Ich gebe dir den Thron des Geb; Worte sprechen: Ich gebe dir das Königtum des Atum"

Beischrift des Königs: Rede der Nut:

 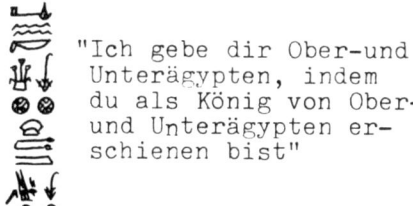 "Ich gebe dir Ober-und Unterägypten, indem du als König von Ober- und Unterägypten er- schienen bist"

Über ihm:

Beischrift der Handlung:

 "Wein darbringen seiner Mutter; er tut es, damit Leben gegeben werde"

Basisinschriften:

74

<u>Pfeiler 23, Ost, Osirisfigur</u>

"Der vollendete Gott, mit vielen Denkmälern
in den Tempeln aller Götter", Ramses II.,
"geliebt von Amonre, dem Leben gegeben werde"

Rechts und links vom Kopf:

Plinthe vorn:

Seite:

Links neben der Figur:

darüber:

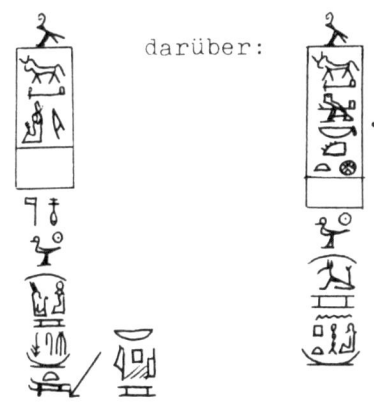

75

<u>Pfeiler 23, Nord, oben</u>

Der König opfert Lauch vor Amonre-Kamutef

Beischrift des Amonre-Kamutef:

"Amonre-Kamutef, der auf
seinem großen Sitz"

Beischrift des Königs: Rede des Amonre-Kamutef:

   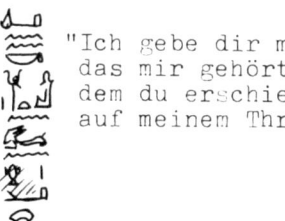

"Ich gebe dir mein Amt,
das mir gehört hat, in-
dem du erschienen bist
auf meinem Thron"

Beischrift der Handlung:

"Lauch geben seinem
Vater Min; er tut
es, damit Leben ge-
geben werde"

<u>Pfeiler 23, Nord, unten</u>

Der König räuchert vor Geb

Beischrift des Geb:

"Worte sprechen durch Geb, den
Vater der Götter, wohnhaft
im Rameeseum-in-der-Amundomä-
ne: Ich gebe dir eine Ewigkeit als König der beiden
Länder und eine Unendlichkeit
als Herrscher der Freude"

76

Beischrift des Königs:

Über ihm:

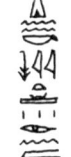

Rede des Geb:

"Ich gebe dir das König-
tum, das ich ausgeübt
habe als Fürst der Göt-
ter"

Beischrift der Handlung:

"Räuchern seinem Va-
ter Geb; er tut es,
damit Leben gegeben
werde"

Basisinschriften:

Pfeiler 23, West, oben

Der König opfert Wein vor Amonre

Beischrift des Amonre:

"Worte sprechen durch
Amonrasonther"

Beischrift des Königs:

Über ihm:

77

Rede des Amun:

"Ich gebe dir die Lebens-
zeit des Re und seine
Jahre als König der
Ewigkeit"

Beischrift der Handlung:

"Wein darbringen
seinem Vater
Amun; er tut
es, damit Leben
gegeben werde"

Pfeiler 23, West, unten

Der König opfert Weißbrot vor Chons

Beischrift des Chons:

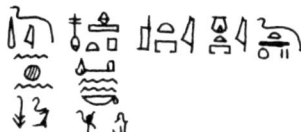

"Worte sprechen durch Chons-
Nfr-ḥtp: Ich gebe dir mein
Amt, meinen Sitz und meinen
Thron in Ewigkeit"

Beischrift des Königs:

über ihm:

Rede des Chons:

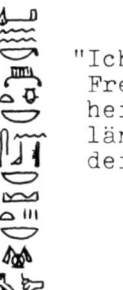

"Ich gebe dir alle
Freude, alle Gesund-
heit und alle Fremd-
länder insgesammt in
deine Faust"

Beischrift der Handlung:

"Weißbrot 'schlagen'
für seinen Vater; er
tut es, damit Leben
gegeben werde"

78

Basisinschriften:

darüber:

darüber:

darüber:

Pfeiler 23, Süd, oben

Der König opfert die Maat vor Atum

Beischrift des Atum:

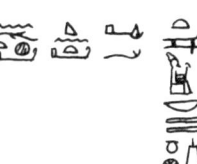

"Atum, der Herr der beiden Länder,
der Heliopolitaner: Er gibt Tapferkeit und Stärke"

Beischrift des Königs:

Über ihm:

79

Rede des Atum:

 "Ich gebe dir das Königtum, das ich ausgeübt habe"

Beischrift der Handlung:

 "Die Maat darbringen seinem Vater Atum; er tut es, damit Leben gegeben werde"

Pfeiler 23, Süd, unten

Der König, gefolgt von seinem Ka, spricht die Reinheitsformel

Beischrift des Königs:

Über ihm:

Beischrift seines Ka:

Rede des Königs:

 "Alles, was eintritt [in den Tempel des] Amonrasonther, sei rein!"

Basisinschriften:

80

Deckenbalken über den Pfeilern 20-23

Inschrift auf der Unterseite:

Die Säulen hinter den Pfeilern auf der Westseite des
2. Hofes

Säule 46, nördliches Bild

Der König weiht ein Opfer vor Ptah
und Sachmet

46 ○ □

47 ○ □

48 ○ □

○ □

Beischrift des Ptah:

"Worte sprechen durch
Ptah, den Herrn der
Maat, König von Ober-
und [Unter]ägypten,
wohnhaft im Ramesseum-
in-der-Amundomäne: Ich
gebe dir eine Ewigkeit
als König beider Län-
der"

Beischrift der Sachmet:

"Worte sprechen durch Sachmet, die
Große, die Geliebte des Ptah: Ich
unterwerfe dir jedes Fremdland insgesammt"

Beischrift des Königs:

Rede der Sachmet:

Über ihm:

"Ich gebe die Furcht
vor dir in die Her-
zen der Neunbogen"

Beischrift der Handlung:

"Räuchern und das Opfer rein machen; er tut es,
damit Leben gegeben werde"

Säule 46, südliches Bild

Der König opfert Blumen vor Amonre und Chons

Beischrift des Amonre:

"Worte sprechen durch [Amonre], den Herrscher
von Theben: Ich gebe dir alles Leben und
Heil"

Rede des Amonre:

"Ich gebe dir Tapferkeit
und Stärke gegen alle
Fremdländer"

Beischrift des Chons:

"Worte sprechen durch Chons-Nfr-
ḥtp: Ich gebe die Neunbogen unter
deine Sohlen"

Rede des Chons: Beischrift des Königs:

 "Ich gebe dir alle
Gesundheit und
alle Freude"

Über ihm:

Beischrift der Handlung:

 "Allerlei Blumen geben dem Amun; er tut es,
damit Leben gegeben werde"

Basisinschrift:

Gegenseite: - - - - - - - - - - - - - - -

Säule 47, nördliches Bild

Der König opfert Blumen vor Amonre und Mut

Beischrift des Amun:

 "Worte sprechen durch Amonrasonther,
Herrn des Himmels: Ich gebe dir alles
Leben und Heil wie Re"

Rede des Amonre:

 "Ich gebe dir die Kraft der
beiden Herren ewiglich"

84

Beischrift der Mut:

 "Worte sprechen durch Mut, die hohe Frau
der Götter: Ich gebe dir eine Ewigkeit
als König von Ägypten ewiglich"

Rede der Mut:

 "Es sollen alle Fremdländer
insgesammt in deiner Faust
sein"

Beischrift der Handlung:

 "Allerlei Blumen geben
dem Amun; er tut es,
damit Leben gegeben
werde"

Beischrift des Königs:

Über ihm:

Säule 47, südliches Bild

Der König bringt Osiris und Isis eine Opferschale dar

Beischrift des Osiris:

 "Worte sprechen durch Osiris, den Herrn
von Abydos: Ich gebe dir alles Leben,
Dauer und Heil"

Rede des Osiris:

"Ich gebe dir eine Ewigkeit
als König von Ober-und Unter-
ägypten und eine Unendlichkeit als Herrn der beiden
Länder"

85

Beischrift der Isis:

 "Worte sprechen durch Isis, die
Große, die Gottesmutter: Ich gebe
dir alles Leben und Heil wie Re,
alle Gesundheit und alle Freude"

Rede der Isis:

 "Ich gebe dir die Jahre des
Horus als König der beiden
Länder"

Beischrift des Königs:

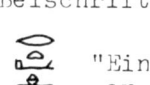

Über ihm: Beischrift der Handlung:

  "Ein Opfer geben;
er tut es, damit
Leben gegeben wer-
de"

Säule 48

Der König opfert Milch vor Harsiese und Hathor

Beischrift des Harsiese:

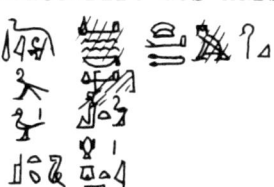 "Worte sprechen durch Harsiese:
Ich gebe dir, daß ich dich auf
meinen Thron gebe, indem du erschienen bist als Herrscher"

Rede des Harsiese:

"Ich gebe dir alles,
was die Sonnenscheibe
umkreist, bis zum Ende
von Himmel und Erde"

86

Beischrift der Hathor:

"Worte sprechen durch Hathor, die Herrin von Dśrw: Mein leiblicher Sohn, Herr der beiden Länder, Geliebter des Re"

Rede der Hathor:

"Ich gebe dir Leben, Dauer und Heil, indem du erschienen bist auf dem Thron des Horus"

Beischrift des Königs:

Über ihm:

Beischrift der Handlung:

"Milch [geben] seinem Vater; er tut es, damit Leben gegeben werde"

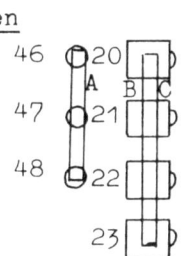

Inschriften auf den Kapitelen und Architraven

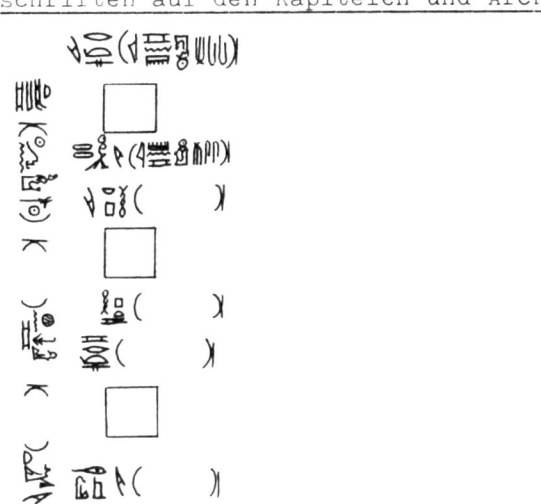

46   20
47   21
48   22
      23

A B C

87

A. 〔hieroglyphs〕 - - - -

B. 〔hieroglyphs〕 - - - -

C. - - - - 〔hieroglyphs〕

Rest einer Darstellung auf der Schranke zwischen dem Pfeiler 20 und der Säule 27

Erhalten Rest einer stehenden Göttin mit der Rede:

"Meine Arme sind an deiner Nase mit Leben und Heil. Ich .....
die oberägyptische und die unter-
ägyptische Wappenpflanze .....
.........."

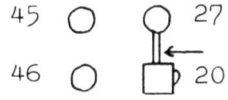

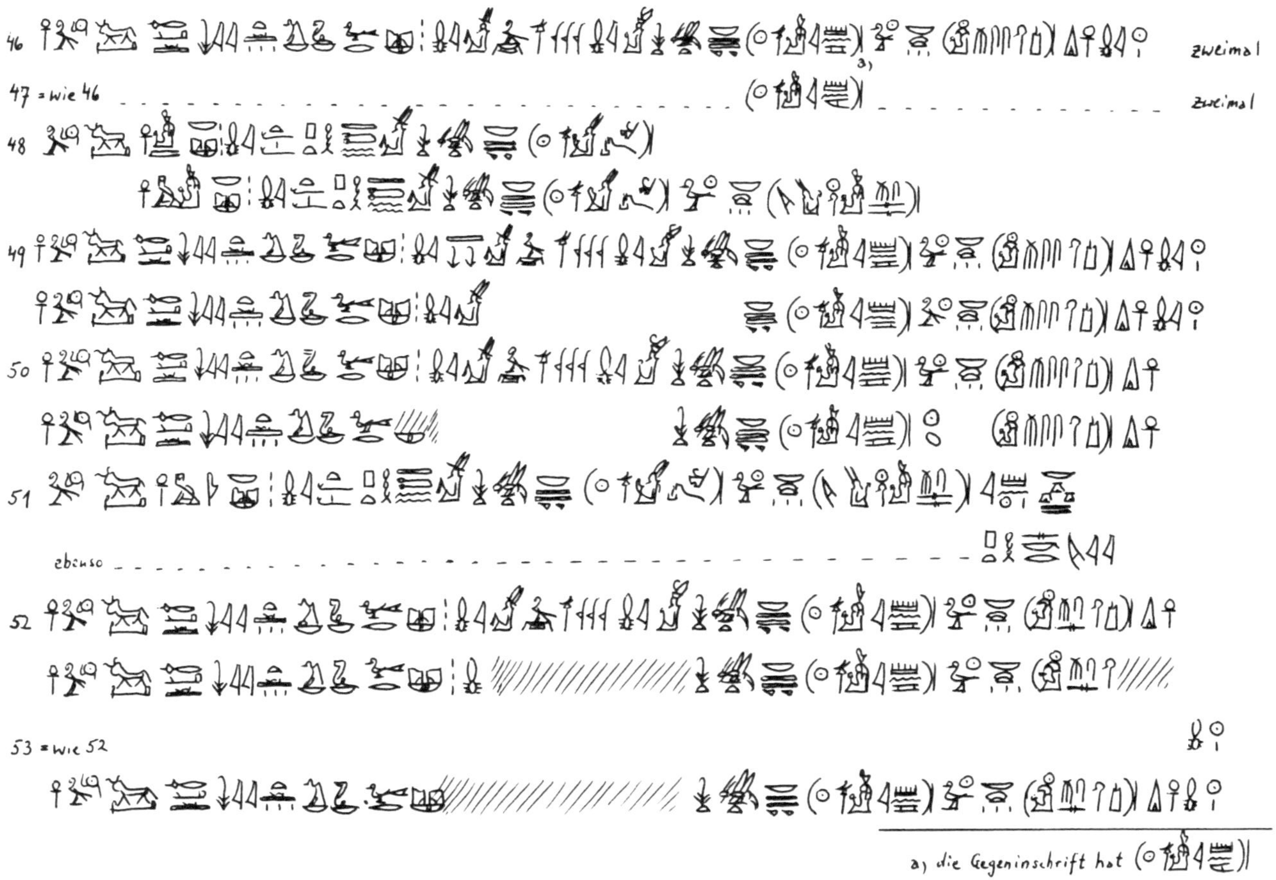

46

47 = wie 46

48

49

50

51

ebenso

52

53 = wie 52

zweimal

zweimal

a) die Gegeninschrift hat

89

Inschriften auf den allein erhaltenen Basen der Osiris-
pfeiler im Südteil der Westseite des 2. Hofes

Pfeiler 24: zerstört

Pfeiler 25 vorn:

       links:

Pfeiler 26 vorn:

       links verbaut

Pfeiler 27 vorn verbaut

       links:

Auf der vom Pfeiler 27 nach Süden gehenden Schranke
sind Reste zweier Szenen mit Gestalten in halber
Lebensgröße erkennbar:

Gott   Göttin

Nordpfosten des nördlichen Tores zur Halle

Königsname oben:

Beischrift des die Weihe-
formel sprechenden Königs:

"Alles, was in den Tem-
pel des Chons eintritt,
ist rein!"

90

Torname:

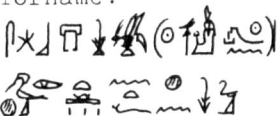

"Tor des Königs Wśr-m3ꜥ.t-Rꜥ-
śtp-n-Rꜥ, der Nützliches tut
für seinen Vater Chons"

Der Nordpfosten des südlichen Tores

Königsnamen oben:

Beischrift der Handlung:

"Alles, was in den
Tempel des Amun
eintritt, ist
rein!"

Torname:

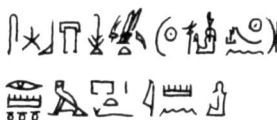

"Tor des Königs Wśr-m3ꜥ.t-Rꜥ-
śtp-n-Rꜥ, der Denkmäler im
Haus seines Vaters Amun
schafft"

Inschrift der Laibung:

91

Der Südpfosten des südlichen Tores

Rest der oberen Beischrift des Königsnamens:

Beischrift der Handlung:

"Allerlei reine und vollendete Dinge opfern;
alles, was in diesen Tempel eintritt, ist
rein!"

Tornamen:

"Tor des Königs Wśr-m3^c.t-R^c-śtp-n-R^c, der
Denkmäler im Haus seines Vaters Amun schafft"

Darstellung auf den zerschlagenen Resten einer Granit-
tür vor der südlichen Tür zur Halle

Der König vor Amun

Südliche Laibung des Haupteingangs zur Halle

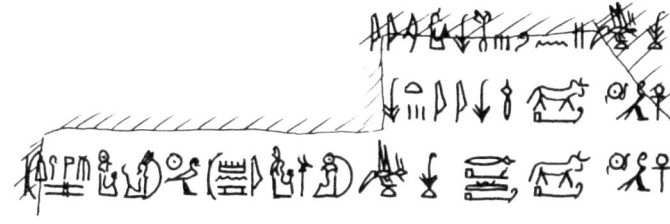

Überschnitten ☺

Ein verworfener Block am Haupteingang zur Halle mit
dem Königsnamen in Goldbuchstaben

Altar zwischen den Säulen 73 und 74 in der Halle

Nord:

Ost:

West:

Süd:

93

Östliche Außenwand des Hypostylen Saals, Südwand

A. Unteres Register, südliches Bild

Month und Atum führen den
König zur Krönung

Beischrift des Month:

C	D	E
A	B	
F		

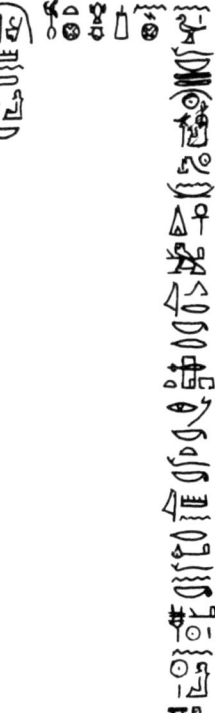

"Worte sprechen durch Month,
den Herrn von Theben, wohn-
haft in Erment, zu seinem
Sohn, den Herrn der beiden
Länder Wsr-m3ꜥ.t-Rꜥ, dem Leben
gegeben werde: Komm doch zum
Palast, damit du deinen Vater
Amun sehest, daß er dir die
Lebenszeit des Re vereint mit
Tapferkeit und Stärke gibt"

Rede des Atum:

"Worte sprechen durch Atum,
den Herrn der beiden Länder,
den Heliopolitaner: Es sieht
deine Majestät.....deinen Vater ...."

Beischrift des Königs:

 über ihm:

B. Unteres Register, nördliches Bild

Amun, Mut und Chons krönen den König, Thot schreibt den Namen

Beischrift des Amun:

 "Worte sprechen durch Amonre: Ich befestige dir die Kronen auf deinem Haupt, indem deine Jahre ˙ie die des Re sind"

Beischrift der Mut:

 "Mut, Herrin des Himmels, hohe Frau der Götter"

Beischrift des Chons:

 "Worte sprechen durch Chons-Nfr-ḥtp: Ich gebe dir alle Freude"

Beischrift des Königs:

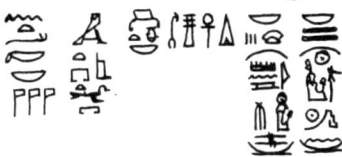

Ramses II.,"dem Leben, Dauer und Heil sowie alle Freude gegeben werde auf dem großen Thron deines Vaters, des Herrn der Götter"

Beischrift des Thot:

"Worte sprechen durch Thot, den Herrn von Hermupolis: Ich schreibe dir die Lebenszeit des Re auf, die Jahre des Horus als König, die die Sonnenscheibe beim Aufgehen verbringt, und deine Annalen ebenfalls, indem dein Name bleibt wie der dessen, der im Himmel ist und deine Stärke wie sein Leuchten"

C. Der König vor einer Göttin   (fragmentarisch)

Rede der Göttin:

"Ich [binde] dir die Neunbogen"

D. Der König räuchert und spendet Wasser vor Ptah

Beischrift des Ptah:

"[Worte sprechen durch Ptah, den Herrn der Maat, König beider Länder: [........]Ich gebe dir [..........]..."

96

Über dem König:

Beischrift der Handlung:

"Räuchern und Wasserspenden seinem Vater
Ptah; er tut es, damit Leben gegeben
werde"

Trennzeile zu C:

E. Der König räuchert vor Amonre-Kamutef
und Isis

Beischrift des Amonre-Kamutef:

"[Worte sprechen durch Amonre-
Kamutef: [Ich gebe dir die
Lebenszeit des]Horus [und
seine Jahre] als König"

Rede des Amonre-Kamutef:

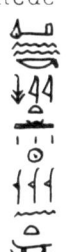

"Ich gebe dir das König-
tum des Re und die Jahre
des Atum"

Beischrift der Isis verloren

Beischrift des Königs:

97

Rede der Isis:

"Ich gebe dir alle Fremdländer unter
deine Sohlen, Herr der beiden Länder,
Geliebter des Re!"

Beischrift der Handlung:

"Seinem Vater Min räuchern; er tut
es, damit Leben gegeben werde"

Trennzeile zu D:

F. Anbetende Prinzen:

Ostwand des Hypostylen Saals

Darstellungen an dem allein erhaltenen Teil südlich des
Haupteinganges über der Darstellung der Schlacht um die
Festung Dapur

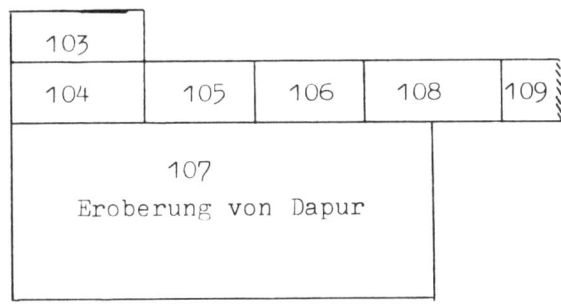

Bild 109: Der König nach rechts opfernd; der Gott ist verloren, auch die Opferhandlung ist nicht mehr zu
erkennen.

Rest der Trennungszeile zu Bild 108:

"........insgesammt vereint
unter deinen Sohlen"

Bild 109 wird über der Tür spiegelbildlich aufgenommen von
Bild 108:Der König nach links Wein opfernd vor Nefertem.

Beischrift des Nefertem:

"[Worte sprechen durch Nefertem:
Ich gebe dir] eine Ewigkeit an
Leben und Heil"

Beischrift der Handlung:

"Wein spenden seinem Vater; er tut
es, damit Leben gegeben werde wie
Re ewiglich"

Trennzeile zu Bild 106:

"Worte sprechen: Ich gebe dir die
Lebenszeit des Re und die Jahre
des Atum. Wie der Himmel bestehen
wird, so sollen deine Denkmäler
bestehen, indem deine Majestät
König beider Länder ist wie Re
täglich"

Bild 106: Der König opfert Salbe vor Sachmet und Sokar

Beischrift des Sokar:

"Sokar-Osiris, wohnhaft in der
Höhle; er gibt alles Leben und
Heil"

Beischrift der Sachmet:

"Sachmet, die Geliebte des Ptah;
sie gibt alles Leben"

Beischrift der Handlung:

"Salbe darbringen seinem
Vater; er tut es, damit
Leben gegeben werde"

Trennzeile zu Bild 105:

"Worte sprechen: Ich gebe dir Tapferkeit
gegen die Südlichen und Stärke gegen die
Nördlichen; ich gebe die Furcht vor dir
in die Herzen der Neunbogen und den
Schrecken vor dir in ihre Leiber"

Beischrift des Königs:

Bild 105: Der König opfert Lattich vor Min und Isis

Beischrift des Min:

"Worte sprechen durch Min-Amonre,
wohnhaft im Ramesseum; er gibt
Leben, Dauer und Heil"

Rede des Min:

"Ich gebe dir mein
Königtum als König
von Unter-und Ober-
ägypten"

Beischrift der Isis:

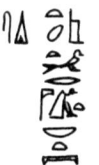

"Isis, die Große, die Gottesmutter,
Herrin des Himmels; sie gibt Tapferkeit und Stärke"

Rede der Isis:

Trennzeile zu
Bild 104:

"Ich gebe dir den Thron
des Geb und das Amt
des Atum"

"Worte sprechen: Ich gebe dir eine Ewigkeit als König der beiden Länder und eine
Unendlichkeit als Herrscher der Freude;
alle Fremdländer sind insgesammt in deiner
Faust ewiglich"

Beischrift des Königs:

Bild 104: Der König weiht zwei Wasserkannen vor Amonre
         und Mut

Beischrift des Amonre:

"Worte sprechen durch Amonre, Herrscher von Theben: Ich gebe dir eine
Ewigkeit als König"

Beischrift der Mut:

"Mut, die Herrin des Himmels, die
hohe Frau der Götter; sie gibt
........"

Beischrift des Königs:

Trennzeile links:

"Worte sprechen: Ich gebe dir den Thron
des Geb, das Amt des Atum auf Erden
und die Lebenszeit des Re im Himmel
ewiglich!"

103

Bild 103: Der König beim Ruderlauf vor dem thronenden
widderköpfigen Amun

Beischrift des Amun:

   "[Amonre,] wohnhaft im Ramesseum"

Beischrift des Königs: vor ihm: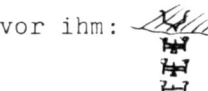

Darstellungen am südlichen Mauervorsprung des Haupttores

A. Ahmesnofretere(?) und die Königsmutter spielen die
Sistra vor Amun(?)

Gestalt des Gottes und Beischrift der ersten Frauen-
gestalt sind verloren.

Beischrift der Königsmutter:

   "Königsmutter und große königliche
Gemahlin Mw.t-wjj"

Beischrift der Handlung:

   "Sistra spielen für ihren Vater;
sie tut es, damit Leben gegeben
werde ewiglich"

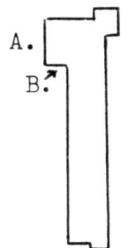

104

B. Über dem Bericht von der Belagerung der Stadt Dapur:
   Der König opfert ein Weißbrot vor Thot
   Gestalt des Gottes verloren; erhalten ist:

"Weißbrot 'schlagen' dem Herrn von Hermupolis"

Die Darstellungen auf den Säulen des Hypostylen Saales

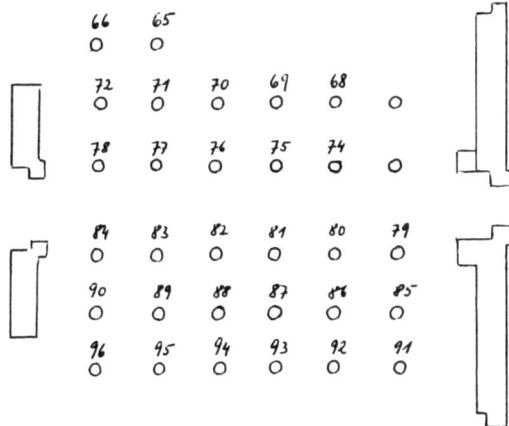

Säule 65, Nord

Der König opfert š^c.t-Kuchen vor Ḫprj und Iw.ś-^{c}ʒ.ś

Beischrift des Ḫprj:

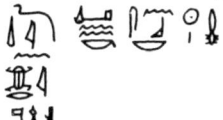

"Worte sprechen durch Ḫprj, den
großen Gott: Ich gebe dir alle
Gesundheit wie Re"

Beischrift der Iw.ś-^{c}ʒ.ś:

"Worte sprechen durch Iw.ś-^{c}ʒ.ś,
die Herrin des Himmels: Ich gebe
dir die Lebenszeit des Re"

Beischrift der Handlung:

"š^c.t-Kuchen geben seinem Vater;
er tut es, damit Leben gegeben
werde"

Beischrift des Königs:

Säule 65, Süd

Der König gießt Wasser aus vor Amonre und Mut

Beischrift des Amonre:

"Worte sprechen durch Amonrasonther: Ich
gebe dir alle Gesundheit bei mir"

Beischrift der Mut:

"Mut, die Große, die hohe Frau der beiden
Länder: [Sie gibt] alle ......bei ihr wie
Re"

Beischrift der Handlung:

"Mit der Wasserkanne huldigen;
er tut es, damit Leben gegeben
werde"

Beischrift des Königs:

107

Der König räuchert vor Amun und Chons

Beischrift des Amun:

"Worte sprechen durch Amonre, wohnhaft im Ramesseum-in-der-Amundomäne"

Beischrift des Chons:

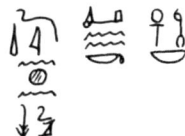

"Worte sprechen durch Chons: Ich gebe
dir alles Leben und Heil"

Beischrift der Handlung:

"Räuchern seinem Vater; er
tut es, damit Leben gegeben
werde"

Beischrift des Königs:

Säule 66, Süd

Der König bringt Ptah und Mut die Maat dar

Beischrift des Ptah:

"Ptah, Herr der Maat, König der
beiden Länder; er gibt die Lebenszeit des Re und die Jahre des Atum"

Beischrift der Mut:

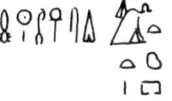 "Mut vor dem Ptah-Tempel; sie gibt
Leben und Heil wie Re"

 Beischrift der Handlung:

 "[Die Maat] seine[m] Vater [geben,]
dem Schöngesichtigen; er tut
es, damit Leben gegeben werde"

Beischrift des Königs:

Säule 67 ist verloren

Säule 68, Nord

Der König opfert Weißbrot vor Osiris und Isis

Beischrift des Osiris:

 "Worte sprechen durch Osiris, den
Herrn des Himmels: Ich gebe dir
alle Stärke"

Beischrift der Isis:

 "Worte sprechen durch Isis, die
Herrin des Himmels: Ich gebe dir
alle Freude"

109

Rede der Isis:	Beischrift der Handlung:

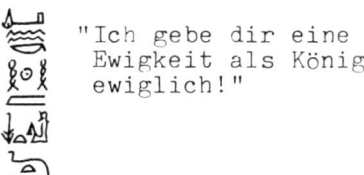
"Ich gebe dir eine Ewigkeit als König ewiglich!"

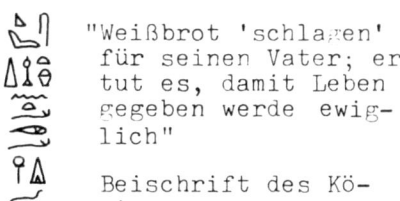
"Weißbrot 'schlagen' für seinen Vater; er tut es, damit Leben gegeben werde ewiglich"

Beischrift des Königs:

Säule 68, Süd

Der König opfert Lauch vor Amonre-Kamutef und Isis

Beischrift des Amonre-Kamutef:

"Amonre-Kamutef: Ich gebe dir alle Fremdländer insgesammt unter deine Sohlen"

Beischrift der Isis:

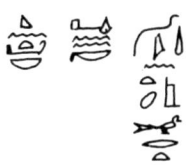
"Worte sprechen durch Isis, die Große: Ich gebe dir alle Tapferkeit"

Beischrift des Königs:

über ihm:

110

Der König reicht die Maat dem Thot und der Seschat

Beischrift des Thot:

"Worte sprechen durch Thot, den
Herrn von Hermupolis, den großen
Gott, der Ḥsr.t vorsteht: Ich
gebe dir eine Ewigkeit als König beider Länder"

Beischrift der Seschat:

"Worte sprechen durch die Sfḫ.t-
ʿb.wj, die hohe Frau des Schrif-
tenhauses: Ich schreibe dir die
Jahre des Atum auf, damit du
lebst"

Beischrift der Handlung:

"Überreichen der Maat dem
gerechten Richter; er tut
es, damit Leben gegeben
werde"

Beischrift des Königs:

über ihm:

Säule 69, Süd

Der König räuchert und spendet Wasser vor Amonre und Mut

Beischrift des Amonre:

"Worte sprechen durch Amonre, den
Herrn des Himmels: Ich gebe dir
alle Tapferkeit bei mir"

111

Beischrift der Mut:

"Worte sprechen durch Mut: Ich gebe dir
alle Stärke; ich gebe dir Tapferkeit"

Beischrift des Königs:

Säule 70, Nord

Der König überreicht Chons und Amaunet Blumen

Beischrift des Chons:

"Worte sprechen durch Chons: Ich
gebe dir alle Freude bei mir"

Beischrift der Amaunet:

"Worte sprechen durch Amaunet,
wohnhaft in Karnak, Herrin des
Himmels"

Beischrift des Königs:

Säule 70, Süd

Der König bringt vor Ptah und Sachmet die Maat dar

Beischrift des Ptah:

"Ptah, Herr der Maat; er gibt eine
Ewigkeit an Leben, Dauer und Heil"

Beischrift der Sachmet:

"Worte sprechen durch Sachmet,
die Geliebte des Ptah: Ich gebe
dir alle Gesundheit bei mir"

Beischrift der Handlung:

"Darbringen der Maat seinem Vater Ptah,
dem Herrn der Maat; er tut es, damit
Leben gegeben werde"

Beischrift des Königs:

Säule 71, Nord

Der König bringt Speisen vor Amonre-Kamutef und Isis

Beischrift des Amonre-Kamutef:

"Amonre-Kamutef, Herr des Himmels;
er gibt Leben und Heil"

Beischrift der Isis:

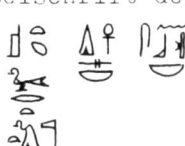

"Isis, die Große, die Gottesmutter;
sie gibt alles Leben und alle Gesundheit"

Beischrift der Handlung:

Beischrift des Königs:

Säule 71, Süd

Der König opfert Wein vor Month und Hathor

Beischrift des Month:

"Worte sprechen durch Month, wohnhaft in Theben: Ich gebe dir alle Gesundheit bei mir"

Beischrift der Hathor:

"Hathor, Oberhaupt von Theben, Herr des Himmels, hohe Frau der beiden Länder: Ich gebe dir die beiden Länder"

Beischrift des Königs:

Säule 72, Nord

Der König opfert Wein vor Amonrasonther und Mut

Beischrift des Amonre:

"Worte sprechen durch Amonrasonther: Ich gebe dir das Königtum des Geb"

Beischrift der Mut:

"Worte sprechen durch Mut, Herrin des Himmels: Ich gebe dir alles Leben, Dauer und Heil"

Beischrift der Handlung:

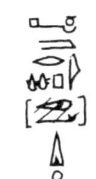

"Wein spenden; [er tut es,] damit Leben
gegeben werde"

Beischrift des Königs:

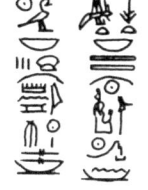

über ihm:

Säule 72, Süd

Der König bringt Atum und Iw.ś-ʿȝ.ś die Maat dar

Beischrift des Atum:

"Worte sprechen durch Atum,
den Herrn der beiden Länder,
den Heliopolitaner: Ich gebe
dir eine Unendlichkeit als
König beider Länder wie Re
täglich"

Beischrift der Iw.ś-ʿȝ.ś:

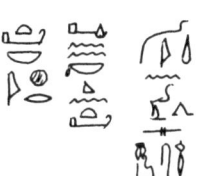

"Worte sprechen durch Iw.ś-
ʿȝ.ś: Ich gebe dir alle Tapferkeit und Stärke bei mir"

Beischrift der Handlung:

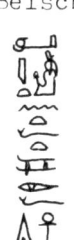

"Die Maat darbringen
seinem Vater Atum; er
tut es, damit Leben
gegeben werde"

Beischrift des Königs:

115

Säule 73 ist verloren

Säule 74

Der König bringt Onuris-Schu und Mechit die Maat dar

Beischrift des Onuris-Schu:

   "Onuris-Schu, der sich in Theben befindet"

Beischrift der Mechit:

   "Worte sprechen durch Mechit, die
Herrin des Himmels, die hohe
Frau der beiden Länder: Ich gebe
dir jeden schöpferischen Aus-
spruch; ich gebe dir eine Ewigkeit als König beider Länder wie
Re"

Rede der Mechit: Beischrift der Handlung:

 "Worte sprechen: Ich      "Wein geben
gebe dir alle Gesund-   seinem Vater"
heit und alle Freude
bei mir wie Re ewiglich"

Beischrift des Königs und seines Ka:

116

<u>Säule 75</u>

Der König räuchert vor Amonre und Mut

Beischrift des Amonre:

"Amonrasonther, Herr des Himmels,
Herrscher von Theben; er gibt alles
Leben, Dauer und Heil, alle Gesund-
heit ewiglich"

Beischrift der Mut:

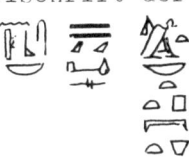

"Mut, Herrin des Himmels, hohe
Frau der beiden Länder; sie gibt
alle Gesundheit"

Beischrift der Handlung: Beischrift des Königs und
                                                     seines Ka:

  "Räuchern"

<u>Säule 76</u>

Der König opfert ein Weißbrot vor Ptah und Sachmet

Beischrift des Ptah:

"Worte sprechen durch Ptah, den Herrn
der Maat, den Schöngesichtigen, auf
dem großen Thron, wohnhaft im Ramesseum-in-der-Amunsdomäne"

117

Rede des Ptah:

"Worte sprechen: Ich gebe dir alles Leben und
Heil, alle Gesundheit, alle Tapferkeit, alle
Stärke, alle Freude und das Verbringen einer
Ewigkeit auf dem Thron des Horus der Lebenden
wie Re in alle Ewigkeit"

Beischrift der Sachmet:

"Worte sprechen durch Sachmet; Worte
sprechen: Ich gebe dir friedliche
Jahre wie Re ewiglich!"

Beischrift der Handlung:

"Ein Weißbrot 'schlagen' für seinen
Vater; er tut es, damit Leben, Dauer und Heil wie Re gegeben werde"

Beischrift des Königs und seines Ka:

Säule 77

Der König bringt Amonre-Kamutef und Isis die Maat dar
Beischrift des Amonre-Kamutef:

"Amonre-Kamutef; er gibt alles Leben,
Dauer und Heil und alle Gesundheit"

118

Beischrift der Isis:

"Worte sprechen durch Isis,
die Große, die Gottesmutter,
zu ihrem Sohn: Ich gebe dir
alle Tapferkeit, alle Stärke
und alle Freude"

Beischrift der Handlung:

"Die Maat seinem
Vater darbringen"

Beischrift des Königs und
seines Ka:

Säule 78

Der König räuchert vor Amun, Mut und Chons

Beischrift des Amun:

"Amonrasonther; er
gibt alles Leben,
Dauer und Heil"

Beischrift der Mut:

"Mut, Herrin des Him-
mels, hohe Frau der
Götter"

Beischrift des Chons:

"Worte sprechen durch Chons-in-
Theben-Nfr-ḥtp: Ich gebe dir
alle Gesundheit und alle Freude ewiglich!"

119

Beischrift der Handlung:

"Räuchern seinem
Vater Amonre; er
tut es, damit Leben
gegeben werde"

Beischrift des Königs und
seines Ka:

Säule 79

Der König opfert Wein vor Re-Harachte und Maat

Beischrift des Re-Harachte:

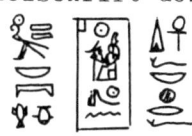

"Re-Harachte, der Herr des Himmels,
wohnhaft im Ramesseum; er gibt
alles Leben bei ihm"

Beischrift der Maat:

"Worte sprechen durch Maat,
die Tochter des Re, die hohe
Frau der Länder; Worte sprechen: Ich gebe dir alle Opfer und alle Speisen zu deinem Totentempel"

Beischrift der Handlung:

"Wein darbringen seinem Vater Re; er
tut es, damit Leben gegeben werde
ewiglich"

120

Beischrift des Königs und seines Ka:

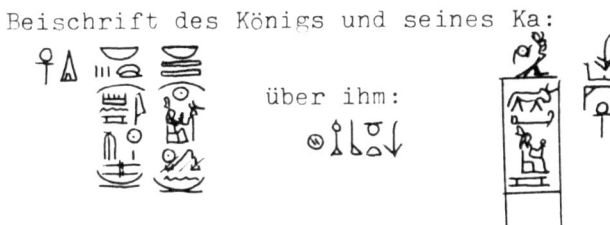

über ihm:

Säule 80

Der König bringt Schu und Tefnut die Maat dar

Beischrift des Schu:

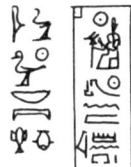

"Schu, Sohn des Re, Herr des Himmels,
wohnhaft im Ramesseum-in-der-Amundomäne"

Beischrift der Tefnut:

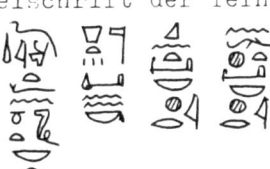

"Worte sprechen durch Tefnut,
die Herrin des Himmels, die
hohe Frau der Götter: Ich gebe
dir alle Tapferkeit bei mir und
alle Stärke bei mir"

Beischrift der Handlung:

"Die Maat darbringen
dem Herrn der Maat"

Beischrift des Königs und
seines Ka:

Säule 81

Der König opfert Weihrauch vor Amonre und Amaunet

Beischrift des Amonre:

"Amonrasonther, Herr des Himmels,
Herrscher von Theben; er gibt
alles Leben, Dauer und Heil und
alle Gesundheit"

Beischrift der Amaunet:

"Amaunet, Herrin von Karnak,
Herrin des Himmels: Ich gebe
dir Leben, Wohlergeben und
Gesundheit"

Beischrift der Handlung: Beischrift des Königs und
                                          seines Ka:

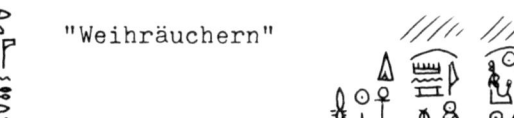   "Weihräuchern"

Säule 82

Der König opfert ein Weißbrot vor Ptah und Sachmet

Beischrift des Ptah:

"Worte sprechen durch Ptah,
den Herrn der Maat, wohnhaft
im Ramesseum-in-der-Amundomäne, zu seinem geliebten Sohn,
dem Herrn der beiden Länder;
Worte sprechen: Ich gebe dir
die Lebenszeit des Re und
seine Jahre in Leben und Heil;
deine Denkmäler sollen bleiben wie der Himmel, und dein
Name bleibt fest"

Beischrift der Handlung:

"Ein Weißbrot 'schla-
gen' für seinen Va-
ter, den Schöngesich-
tigen; er tut es, da-
mit Leben gegeben werde"

Beischrift der Sachmet

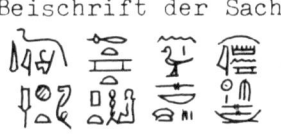

"Worte sprechen durch Sachmet, die Große, die Ge-
liebte des Ptah, zu ihrem
Sohn, dem Herrn der Kro-
nen Rꜥ-mśś-mrj-Imn; Worte
sprechen: Ich gebe dir
die Fremdländer und die
Neunbogen gefällt auf deine Schlachtblöcke; ich gebe den Schrecken vor dir
in ihre Herzen und die
Furcht vor dir in ihre
Leiber ewiglich"

123

Beischrift des Königs und seines Ka:

<u>Säule 83</u>

Der König bringt Amonre-Kamutef und Isis die Maat dar

Beischrift des Amonre-Kamutef:

"Amonre-Kamutef, er gibt alles Leben,
Dauer und Heil, alle Gesundheit und
alle Freude"

Beischrift der Isis:

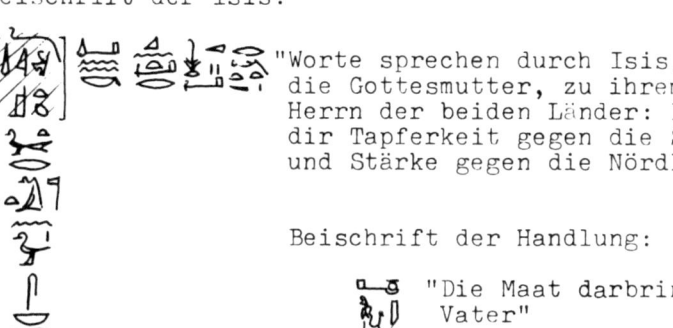

"Worte sprechen durch Isis, die Große,
die Gottesmutter, zu ihrem Sohn, den
Herrn der beiden Länder: Ich gebe
dir Tapferkeit gegen die Südlichen
und Stärke gegen die Nördlichen"

Beischrift der Handlung:

"Die Maat darbringen seinem
Vater"

Beischrift des Königs und seines Ka:

Säule 84

Der König räuchert vor Amun, Mut und Chons

Beischrift des Amun:

"Amonrasonther, er gibt alles
Leben, Dauer und Heil"

Beischrift der Mut:

"Mut, Herrin des Himmels, hohe
Frau der Götter"

Beischrift des Chons:

"Worte sprechen durch Chons-
in-Theben-Nfr-ḥtp: Ich gebe
dir alle Gesundheit und alle
Freude bei mir ewiglich!"

Beischrift der Handlung:

"Weihräuchern seinem Vater Amun; er tut es,
damit Leben gegeben werde"

Beischrift des Königs und seines Ka:

125

Säule 85

Der König bei einer nicht mehr erkennbaren Ritualhandlung
vor Atum und Hathor-Nb.t-Ḥtp.t

Beischrift des Atum:

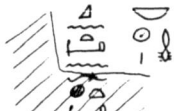
".............alle Tapferkeit und
Stärke wie Re"

Beischrift der Hathor:

"Worte sprechen durch Hathor-Nb.t-
Ḥtp.t: Ich gebe dir Leben und Heil"

Beischrift der Handlung: Beischrift des Königs:
   weggebrochen

Säule 86

Der König bringt Ptah und Sachmet die Maat dar

Beischrift des Ptah:

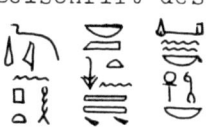
"Worte sprechen durch Ptah, den
Herrn der Maat, den König der
beiden Länder: Ich gebe dir alles
Leben und Heil"

Beischrift der Sachmet:

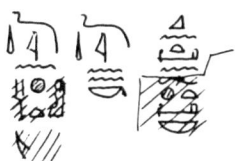

"Worte sprechen durch [Sachmet,] die
Geliebte [des Ptah;] Worte sprechen:
ich gebe (!) dir [alle] Tapferkeit
und St[ärke]"

Beischrift des Königs:

über ihm:

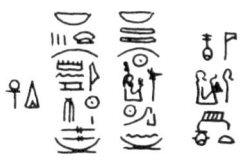

Säule 87

Der König opfert Lauch vor Amonre-Kamutef und Isis

Beischrift des Amonre-Kamutef:

"Amonre-Kamutef; er gibt alles
Leben, Dauer und Heil wie Re"

Beischrift der Isis:

"Isis, die hohe Frau der beiden
Länder"

Beischrift der Handlung: Beischrift des Königs:

"Lauch geben seinem
Vater; er tut es,
damit Leben gegeben
werde"

127

Säule 88

Der König opfert Wein vor Amonre und Mut

Beischrift des Amonre:

"Worte sprechen durch Amonre, den Herrn
des Himmels: Ich gebe dir alles Leben,
Dauer und Heil bei mir"

Beischrift der Mut:

"Mut, die Herrin des Himmels, die hohe
Frau der Götter"

Beischrift der Handlung: Beischrift des Königs:

"Wein opfern seinem
Vater; er tut es,
damit Leben gegeben
werde"

Säule 89

Der König opfert Salbe vor Chons und Maat

Beischrift des Chons:

"Worte sprechen durch Chons-Nfr-
ḥtp, den Herrn des Himmels: Ich
gebe dir alle Freude und alle
Tapferkeit"

Beischrift der Maat:

"Worte sprechen durch Maat, die Tochter des Re: Ich gebe dir alles Leben,
Heil und Gesundheit"

Beischrift der Handlung:

"Salbe darbringen
seinem Vater; er
tut es, damit Le-
ben gegeben wer-
de"

Beischrift des Königs:

Säule 90

Der König opfert Wein vor Month und Hathor

Beischrift des Month:

"Worte sprechen durch Month, den Herrn
von Theben: Ich gebe dir alle Tapferkeit und Stärke wie Re"

Beischrift der Hathor:

"Hathor, Herrin
des Himmels"

Beischrift der Handlung:

"Wein darbringen
seinem Vater; er
tut es, damit Le-
ben gegeben werde"

Beischrift des Königs:

129

Säule 91

Der König bringt Thot und Seschat die Maat dar

Beischrift des Thot:

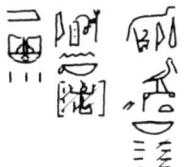

"Worte sprechen durch Thot, den Herrn
von Hermupolis: Ich schreibe dir
[Millionen] an Sedfesten auf"

Beischrift der Seschat:

"Worte sprechen durch Sfh.t-ᶜb.wj [vor]
dem Aktenhaus: Ich schreibe dir Millionen an [Jahren] auf"

Beischrift der Handlung:

"Die Maat darbringen dem gerechten Richter; er tut es, damit
Leben gegeben werde"

Beischrift des Königs:

Säule 92

Der König opfert ein Weißbrot vor Atum und Iw.ś-ᶜ3.ś

Beischrift des Atum:

"Worte sprechen durch Atum, den
Herrn der beiden Länder, den
Heliopolitaner: Ich gebe dir
alle Tapferkeit und alle Stärke;
ich gebe dir alle Versorgung
und alle Speise"

Beischrift der Iw.ś-ᶜꜢ.ś:

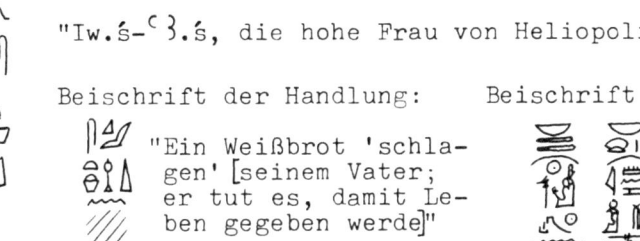

"Iw.ś-ᶜꜢ.ś, die hohe Frau von Heliopolis"

Beischrift der Handlung: Beischrift des Königs:

"Ein Weißbrot 'schla-
gen' [seinem Vater;
er tut es, damit Le-
ben gegeben werde]"

Säule 93

Der König opfert Kuchen vor Harsiese und Isis

Beischrift des Harsiese:

"Worte sprechen durch Harsiese,
wohnhaft im Ramesseum-in-der-
Amundomäne: Ich gebe dir alles
Leben und Heil"

Beischrift der Isis:

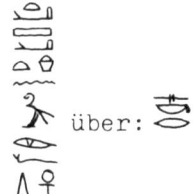

"Worte sprechen durch Isis, die Herrin
des Himmels: Ich gebe dir alle Gesundheit"

Beischrift der Handlung:

"Kuchen geben dem Horus (über: Sokar);
er tut es, damit Leben gegeben werde"

 über:

Beischrift des Königs:

131

<u>Säule 94</u>

Der König opfert Salbe vor Amonre-Kamutef und Isis

Beischrift des Amonre-Kamutef:

"Amonre-Kamutef; er gibt [alles]
Leben und Heil"

Rede des Amonre-Kamutef:

"Ich gebe dir eine Ewigkeit
an Sedfesten wie Re"

Beischrift der Isis:

"Isis, die Große, die Gottesmutter, die
Herrin des Himmels"

Rede der Isis:

"Ich gebe dir alle Tapferkeit"

Beischrift des Königs:

<u>Säule 95</u>

Der König überreicht Sokar und Sachmet vier Gefäße

Beischrift des Sokar:

"Worte sprechen durch Sokar, wohnhaft
im Ramesseum-in-der-Amunsdomäne"

Rede des Sokar:

"Ich gebe dir alle Tapferkeit und alle Stärke"

Beischrift der Sachmet:

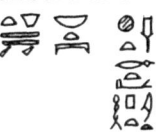

"Sachmet, die Große, die Ge-
liebte des Ptah, Herrin des
Himmels, hohe Frau der beiden
Länder"

Rede der Sachmet:

"Ich gebe dir alle Gesundheit wie Re"

Beischrift des Königs:

Säule 96

Der König opfert Wein vor Amun und Mut

Beischrift des Amonre:

"Worte sprechen durch Amonre, den Herrn
des Himmels: Ich gebe dir eine Ewigkeit
als König der beiden Länder ewiglich!"

Beischrift der Mut:

"Worte sprechen durch Mut,
die Herrin des Himmels,
die hohe Frau beider Län-
der: Ich gebe dir alle
Freude"

Beischrift der Handlung:

"Wein darbringen seinem Vater; er tut es,
damit Leben gegeben werde"

Beischrift des Königs:

Die Basisinschriften der Säulen des Mittelgangs

74

75

76

77

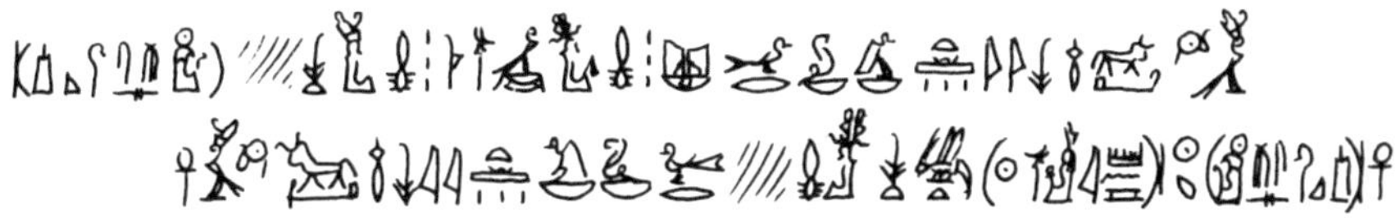

78 ohne Inschrift

79

80

81

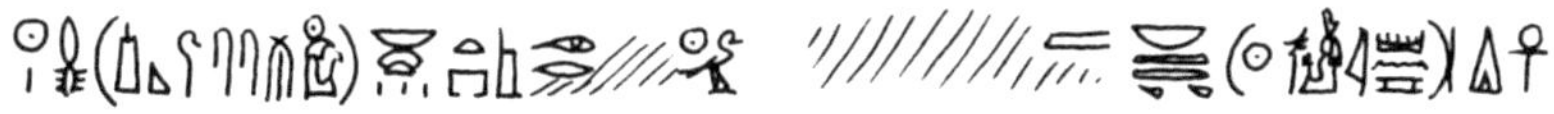

82 zerstört

83

84 ohne Inschrift

Aufschriften auf den Kapitelen der Säulen im Hypostylen
Saal

Säulen 68-72:

Königsname auf Nord- und Südseite: (⊙ 𓎛 𓈖)

Königsname auf Ost-und Westseite: (𓀭 𓊃 𓏪)

zugefügt:

72	71	70	69	68

Säulen 85/90:

Auf Nordseite immer: (⊙ 𓎛 𓈖)

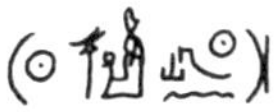

Auf Südseite immer: (⊙ 𓎛 𓈖)𓀭

Auf Ost-und Westseite immer: (𓀭 𓊃 𓏪)

Säulen 91-96:

Auf Nordseite immer: (⊙ 𓎛 𓈖)𓀭

Auf Südseite immer: (⊙ 𓎛 𓈖)𓀭

Auf Ost-und Westseite immer: (𓀭 𓊃 𓏪)

Architravaufschriften im Hypostylen Saal

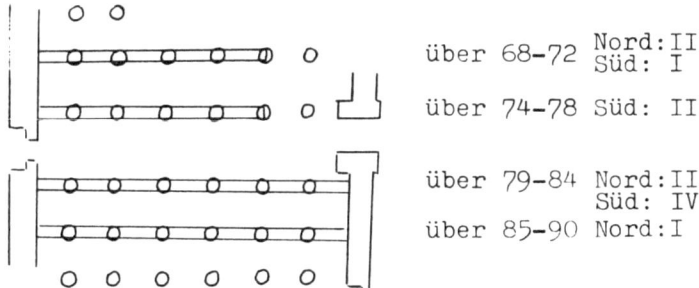

über 68-72	Nord: III Süd: I
über 74-78	Süd: II
über 79-84	Nord: II Süd: IV
über 85-90	Nord: I

Typ I:

" Horus 'Starker Stier, von der Maat geliebt'; die
beiden Herrinnen 'Der Ägypten schützt und die Fremdländer bändigt'; Goldhorus 'Reich an Jahren, groß
an Stärke'; König von O.u.U.Ä., Herr der beiden Länder Wśr-m3ᶜ.t-Rᶜ-śtp-n-Rᶜ; Sohn des Re, Herr der
Kronen Ramses-geliebt-von-Amun; er schuf es als sein
Denkmal für seinen Vater Amonre, daß er ihm eine
große, heilige Halle schuf aus Sandstein ihr gegenüber, mit großen Säulen mit offenem Kapitel, um-
geben mit Säulen mit geschlossenem Kapitel, ein
Ruheplatz für den Herrn der Götter bei seinem schönen Talfest. Ich tat es für ihn, damit Leben gegeben
werde"

Typ IV:

Ramses II.,"der Nützliches tut, blei-
---bend hinter seinem Vater Amonrasonther,
indem er ihm einen Ruheplatz, eine Kapelle der Ewigkeit
schuf. (Ich) tat es ihm mit [liebendem] Herzen......"

136

Typ II:

er schuf es als sein Denkmal für seinen
Vater Amonrasonther, daß er ihm einen Totentempel
schuf, der seine Vollendung erhebt,............"

Typ III:

".......... sein Schlachtruf, der in ihre Leiber ein-
gedrungen ist; König von O.u.U.Ä., Herrscher der
Freude, Herr der beiden Länder Wśr-m^c.t-R^c-śtp-n-R^c;
er schuf es als sein Denkmal für seinen Vater Amonrasonther.........."

Nordteil der Westwand des Hypostylen Saals

Der König, von Sachmet eingeführt, erhält von Amun
"Leben" im Beisein von Chons

Beischrift des Amun:

"Worte sprechen durch Amonre: Nimm dir
Leben an deine Nase"

137

Beischrift der Sachmet:

"Worte sprechen durch Sachmet,
 groß an Zauber, Herrin des
 Palastes: Ich befestige dir
 die Kronen des Re, indem die
 blaue Krone auf deinem Schei-
 tel bleibt; ich gebe dir Millionen an...................
 ....alle deine ..
 ...in......unter deinen Sohlen.
 Es dienen dir die Südlichen,
 Nördlichen, Westlichen und
 Östlichen wie deinem Vater
 Re täglich in alle Ewigkeit!"

Beischrift des Chons:

"Worte sprechen durch Chons-Nfr-htp:
 Ich gebe dir alles Leben, Dauer und
 Heil und alle Freude"

Rede des Chons:

"Worte sprechen: Ich gebe dir
 alles Leben und Heil, alle Gesundheit und alle Freude wie
 Re"

Beischrift des Königs:

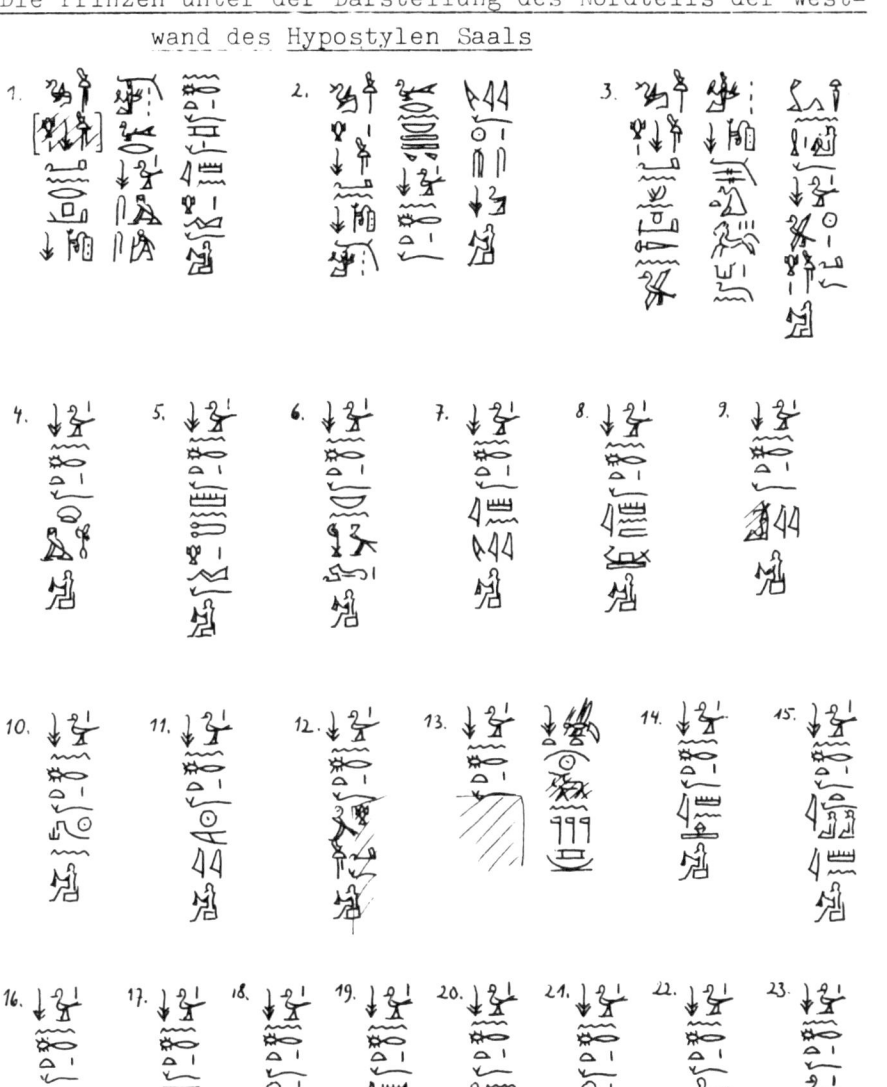

Der König beim Vasenlauf vor Amonre-Kamutef und Isis

Beischrift des Amonre-Kamutef: verloren bis auf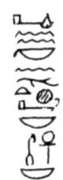

Beischrift der Isis:

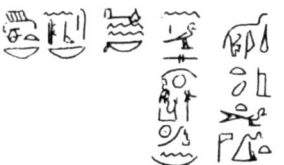

"Worte sprechen durch Isis, die
Große, die Gottesmutter zu ihrem
Sohn Wśr-mꜣꜥ.t-Rꜥ-śtp-n-Rꜥ: Ich
gebe dir alle Gesundheit und alle
Freude"

Rede des Amonre-Kamutef:

"Ich gebe dir die
Neunbogen in Ver-
beugung"

Rede der Isis:

"Ich gebe dir alle
Stärke und alles
Leben und Heil"

Inschrift vor der Mr.t:

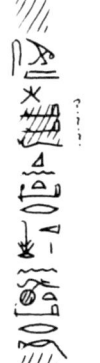

"...............(?) Tapferkeit gegen
die Südlichen und Stärke gegen die Nördlichen"

Beischrift der Handlung:

"Den Wasserkrug überbringen
dem Amonre; er tut es, damit
Leben gegeben werde"

140

<u>Darstellung auf der Südseite der Westwand des Hypostylen</u>
<u>Saals</u>

Der König erhält von Amun und Mut die Herrscherzeichen

Beischrift des Amonre:

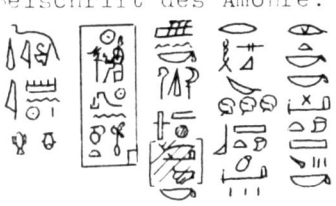

"Worte sprechen durch
Amonre, wohnhaft im
Ramesseum-Hnm.t-W3ś.t:
Nimm dir Herrscherstab,
Wedel und Krummschwert
in deiner Hand, um die
Köpfe der Empörer abzu-
schneiden, die deine
Grenzen angreifen"

Beischrift der Mut:

"Mut, die Herrin des Himmels, die hohe
Frau der Götter"

Rede des Amonre: Rede der Mut:

"Nimm dir das Schwert,
Herr der Fremdländer,
und Herrscherstab und
Wedel, indem du Ägyp-
ten schützest"

Beischrift des Königs:

"Meine Arme umar-
men deine Vollen-
dung; ich wähle
Schutz um dich aus
in Leben, Dauer
und Heil"

sic!

Hathor begrüßt den von Atum eingeführten König

Beischrift der Hathor:

"Du mögest zum Palast [kommen,] damit
dich dein Vater Amon empfängt und
dir Tapferkeit gibt zum Niedertreten
der Fremdländer"

Rede der Hathor:

"Komm doch [zu mir,] du vollendeter Gott,
indem du jubelst und dein Herz froh ist"

Beischrift des (weggebrochenen) Atum:

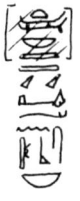

"[Atum, Herr der beiden] Länder;
er gibt alle Gesundheit"

Schutzformel hinter dem König im Bild der Überreichung
des Schwertes, die als Zeilentrenner dient:

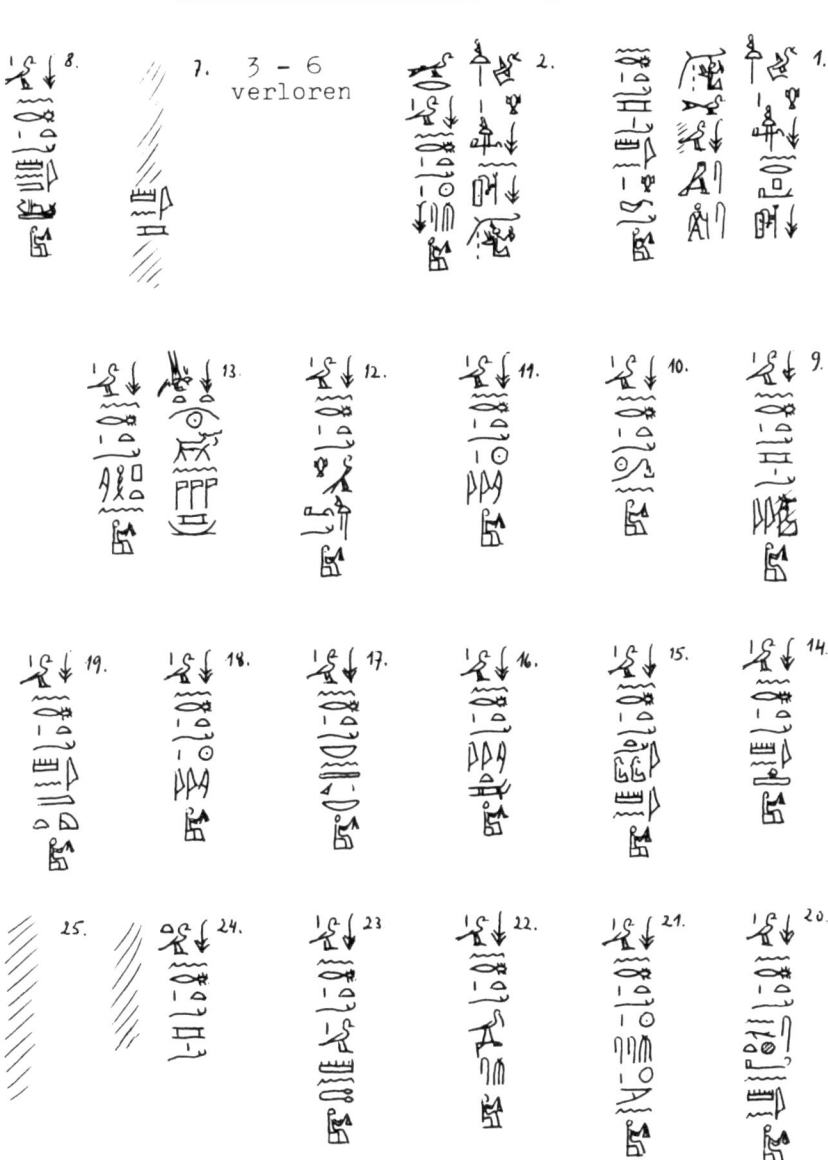

143

Der König beim Ruderlauf vor Amonre-Kamutef und Isis

Beischrift des Amonre-Kamutef: verloren

Beischrift der Isis:

"[Worte sprechen durch Isis,] die
Große, die Gottesmutter, [zu
ihrem Sohn] Wsr-mꜣ°.t-Rꜥ-śtp-n-Rᶜ:
[Ich gebe dir] alle [Versor]gung
wie Re"

Rede des Amonre-Kamutef:	Beischrift der Handlung:
 "Ich gebe dir alle Länder und alle Fremdländer unter deine Sohlen"	 "[Das Ruder] ergreifen für Amonre; er tut es, damit Leben gegeben werde"

Darstellungen über der Tür zum Astronomischen Zimmer

In der Mitte:

Rechts: Der König erhält knieend die Herrschaftszeichen
von Amun und Chons

Beischrift des Amun:    "Amonre, Herr von
Karnak"

Rede des Amun:

> "Nimm dir Herrscherstab und Wedel, du Herr der
> beiden Länder, Geliebter des Re!"

Rede des Chons:

> "Worte sprechen durch Chons, wohnhaft im
> Ramesseum: Ich gebe dir alle Tapferkeit
> wie Re"

Beischrift des Königs:

Links: Der König erhält knieend die Herrschaftszeichen
von Amun und Mut

Beischrift des Amun:

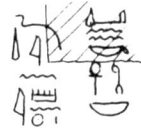

> "Worte sprechen durch Amonre:
> [Ich gebe dir] alles Leben und
> Heil"

Rede des Amun:

> "Nimm dir Herrscherstab und Wedel, du
> Herr der beiden Länder!"

145

Beischrift der Mut:

"[Worte sprechen durch Mut, wohnhaft im Ramesseum: Ich gebe dir alle Fremdländer insgesamt unter deine Sohlen"

Das Astronomische Zimmer

Text-Umrandung der Decke

Süd: "Horus 'Starker Stier, geliebt von Maat'; König von O.u.U.Ä. Wsr-mꜢꜥ.t-Rꜥ-śtp-n-Rꜥ; Sohn des Re Ramses-geliebt-von-Amun; er machte es als sein Denkmal für seinen Vater Amonrasonther wohnhaft im Ramesseum, indem er ihm eine Säulenaufstellung schuf auf der 'Treppe' des ihm gehörigen, heiligen Tempels gegenüber dem Herrn der Götter Amonre, dem Herrscher von Theben - die Mauern von reliefiertem Stein und die Wände mit den Schriften des Thot, seine Halle bedeckt mit Sandsteinbalken wie Tannenstämme des Libanon. Ruhen darauf durch die Götter des Südhimmels und die Heiligen Sterne des Firmaments. Sie geben die Dauer der Unendlichkeit an Sedfesten dem Sohn des Re Ramses-geliebt-von-Amun, dem Leben gegeben werde ewiglich".

Nord: "Worte sprechen durch die Götter und Göttinnen des südlichen Himmels zum König von O.u.U.Ä. Wsr-mꜢꜥ.t-Rꜥ-śtp-n-Rꜥ, Sohn des Re Ramses-geliebt-von-Amun: Es schafft dir Re deine Gestalten wie die des Mondes, indem du die Geburten verjüngst auf Erden, wenn du erscheinst auf deinem Thron vor den Menschen wie der Horizontische. Er läßt dich aufgehen wie Isis-Sothis am Firmament am Morgen des Neujahrfestes. Sie aber verkündet dir Jahre, Sedfeste und Nile, ohne daß es ihre Berechnung gibt. Dir kommen heraus die Sterne an allen Dekaden, um deine(!) Jahre festzusetzen. Richtig ist für dich der Neumondstag in Genauigkeit, ohne daß es seine Verminderung gibt. Du fährst dahin wie der Sirius am Firmament, indem deine Lebenszeit wie seine Lebenszeit ist - Sohn des Re Wsr-mꜢꜥ.t-Rꜥ-śtp-n-Rꜥ, dem Leben gegeben werde wie Re ewiglich".

146

Waagrecht →

← Waagrecht

147

Astronomisches Zimmer, Ostwand, Südseite

Oben: Barke des Chons

Name der Barke:  "Erhoben wird die
Vollendung des
Chons"

Beischrift:

A.

"[Worte sprechen durch] Chons-Re;
[Worte sprechen zu] seinem gelieb-
ten Sohn, [dem Herrn der beiden
Länder] Wsr-mꜣꜤ.t-RꜤ-stp-n-RꜤ"

B.

"Worte sprechen: Ich gebe dir
alles Leben und Heil;
Worte sprechen: Ich gebe dir
alle Gesundheit;
Worte sprechen: Ich gebe dir
alle Freude;
Worte sprechen durch Chons-
in-Theben-Nfr-ḥtp: Wir kommen zu dir in deiner Be-
gleitung, Amun, König der
Götter! Du gibst alles Leben, Dauer und Heil deinem
Sohn, dem Herrn der beiden
Länder"

Barke der Ahmesnofretere

Beischrift der Barke: 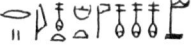 "Erhoben wird die
Vollendung der
Gottesgemahlin
Nofretere"

Beischrift der Ahmesnofretere:

"Worte sprechen durch die Gottesgemahlin, Königsmutter, Große kgl. Gemahlin und Herrin der beiden Länder Ahmesnofretere: Komm in Frieden,
mein heiliger Vater Amun, König der Götter!
Mein Herz ist froh aus Liebe zu dir und ich
jubele beim Anblick deiner Vollendung, wenn du
erschienen bist im Totentempel deines Sohnes,
des Herrn der beiden Länder Wśr-mꜣꜥ.t-Rꜥ-śtp-n-Rꜥ.
Du gibst ihm Leben, Dauer, Heil und seine Jahre
in Millionen!"

Unten: Barke der Mut: 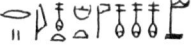 "Erhoben wird die
Vollendung der Mut,
der Himmelsherrin"

Beischrift der Mut:

"Worte sprechen durch Mut, die
Himmelsherrin: Komm in Frieden,
König der Götter, Amonre, Herrscher von Theben! Du gibst
Millionen an Jahren deinem geliebten Sohn Wśr-mꜣꜥ.t-Rꜥ-śtp-
n-Rꜥ.
Worte sprechen durch Mut, die
Himmelsherrin, zu ihrem Sohn
Ramses-geliebt-von-Amun: Fah-
re mit mir, daß ich deine Majestät zu deinem Vater Amonre
führe. Er gibt dir eine Unendlichkeit an Jahren"

149

: Trennzeile nach links
(Übersetzung auf vorhergehender Seite)

Barke des Königs

Beischrift:

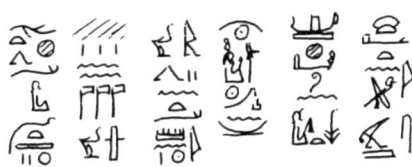

"Erscheinen durch die Tragbarke des
Königs Wśr-mȝʿ.t-Rʿ-śtp-n-Rʿ.
Komm zum Vater Amonre ....
und zu den Göttern in seiner Umgebung,
ewiglich!"

Inschriftzeile unter den Darstellungen:

".........seine..... auf dem reinen Boden
des Herrschers von Theben neben der 'Lebens-
herrin', dem Platz am ....
Wśr-mȝʿ.t-Rʿ-śtp-n-Rʿ, dem Leben gegeben
werde"

Ostwand,Nordseite

Oben: Barke des Chons

Beischrift der Barke:

"[Erhoben wird die Vollendung
des Chons"

150

Beischrift:

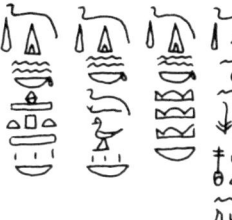

"Worte sprechen: Ich gebe dir alle
Opfergaben; Worte sprechen: Ich
gebe dir alle Speisen; Worte
sprechen: Ich gebe dir alle Fremdländer.
Worte sprechen durch Chons-Nfr-htp
zu Amonrasonther: Wir kommen zu˙
dir als Begleitung deiner Majestät, um im Totentempel deines
[geliebten] Sohnes Wśr-mȝꜥ.t-Rꜥ-
stp-n-Rꜥ zu ruhen, dem Leben gegeben werde"

Barke der Amaunet

Beischrift der Barke:

"Erhoben wird die Vollendung der
Amaunet, wohnhaft in Theben"

Beischrift: "Worte sprechen durch
Amaunet, wohnhaft in Karnak, zu
Amun, dem Herrscher von Theben:
Wie schön ist das, was dir dein
Sohn Ramses-geliebt-von-Amun ge-
tan hat, der dir ein großes Opfer
an Brot, Bier, Rindern und Vögeln
gestiftet hat."

"Worte sprechen: Ich
gebe dir alle Gesund-
heit; Worte sprechen:
Ich gebe dir alle Freu-
de; Worte sprechen: Ich
gebe dir alle Tapfer-
keit"

151

Unten: Barke der Mut

Beischrift der Barke:

"Erhoben wird die Vollendung der
Mut, der Himmelsherrin"

Beischrift:

"Du gibst Hundert- sowie Zehn-
tausende und Millionen an
Sedfesten deinem Sohn Wśr-
m3ᶜ.t-Rᶜ-śtp-n-Rᶜ, dem Leben
gegeben werde.
Worte sprechen durch Mut, die
Große, die Herrin beider Länder, zu ihrem Sohn, dem Herrn
der Kronen Ramses-geliebt-
von-Amun: Komm doch zum Tempel deines Vaters Amun; er
gibt dir Leben, Heil und
Dauer wie Re täglich"

Die Barke des Königs

Beischrift der Barke:

"Erhoben wird die Vollendung
des Königs Wśr-m3ᶜ.t-Rᶜ-śtp-
n-Rᶜ "

152

Beischrift:

"Kommen durch die Tragbarke des Königs von O.u.U.Ä.",R.II.,
"um zu ruhen in seinem Totentempel, dem heiligen, vor
seinem Vater, dem Herrn der Götter, Amonre, dem
Herrscher von Theben.
Worte sprechen: Es soll der König, Herr der beiden
Länder, Herr des Opferns Wśr-mȝˁ.t-Rˁ-śtp-n-Rˁ auf
dem Thron des Atum in seinem Totentempel der Millionen von Jahren erscheinen"

Beim leitenden Priester der Barke ist nachträglich hin-
zugefügt:

"König Mernephtah, er sagt: Meine
Arme tragen meinen heiligen Vater,
den König von O.u.U.Ä., Herrn der
beiden Länder Wśr-mȝˁ.t-Rˁ-śtp-n-Rˁ,
den großen Gott"

Inschriftzeile unter den Darstellungen:

"........den Flehenden und erhörend die Bitten der
Götter; das göttliche Heiligtum der Herrn der Unter-
welt, das Sanktuar der Höhlenbewohner; es tat ihm
das der Sohn des Re [Ram]ses-[geliebt-von-Amun,] dem
Leben gegeben werde"

153

Nord: Der König opfert Wein vor Amun und Mut

Beischrift des Amun:

"Amonrasonther, Herr des Himmels;
er gibt alles Leben und alle
Gesundheit"

Beischrift der Mut: Rede der Mut:

"Mut, die Himmels-
herrin, die hohe
Frau beider Län-
der"

"Sie gibt alle Spei-
se und alle Versor-
gung bei sich"

Beischrift der Handlung:

"Wein darbringen; er
tut es, damit Leben
gegeben werde"

Beischrift des Königs:

Süd: Der König opfert Wasser vor Amun und Chons

Beischrift des Amun:

"Amonre, Herr von 'Throne-
beider-Länder'; er gibt alles
Leben und Heil bei sich; er
gibt alle Gesundheit bei
sich"

Beischrift des Chons:

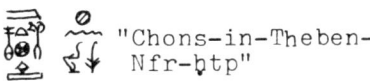 "Chons-in-Theben-
Nfr-ḥtp"

Beischrift des Königs:

Beischrift der Handlung:

 "Kühles Wasser dar-
bringen; er tut es,
damit Leben gegeben
werde"

Trennungszeile zwischen den beiden Darstellungen:

"Worte sprechen: Ich gebe dir alles Leben,
Dauer und Heil, alle Gesundheit, alle Freude,
alle Tapferkeit und alle Stärke wie Re
ewiglich"

Die Säulen des Astronomischen Zimmers

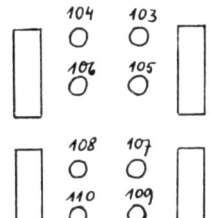

Säule 103

Der König überreicht Ptah und Sachmet einen Opferhaufen

Beischrift des Ptah:

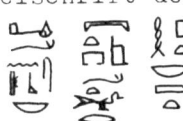

"Ptah, Herr der Maat, auf seinem
großen Sitz; er gibt alle Gesundheit"

Beischrift der Sachmet:

 "Sachmet die Große, [die Geliebte des Ptah]"

Beischrift der Handlung: Beischrift des Königs:

"Opfer überreichen seinem Vater, dem Schöngesichtigen"

Aufschriften auf dem Abakus:

Königsname um die Säule:

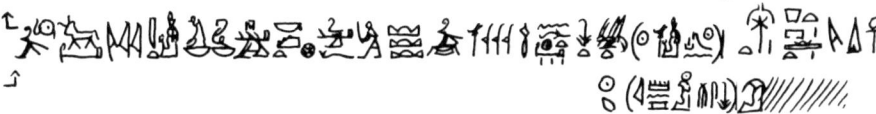

Säule 104

Der König spendet Wasser vor Osiris und Isis

Beischrift des Osiris:

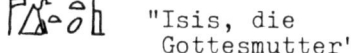

"Worte sprechen durch Osiris, wohnhaft im Ramesseum: Ich gebe dir alles Leben, Dauer und Heil"

Beischrift der Isis: Beischrift der Handlung:

 "Isis, die Gottesmutter"

"[Wasser darbringen seinem Vater] Wnn-nfr"

156

Beischrift des Königs: Aufschriften auf dem Abakus:

   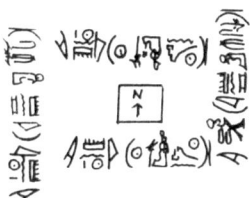

Königsname um die Säule:

Säule 105

Der König überreicht Amunre-Kamutef und Isis die Maat

Beischrift des Amonre-Kamutef:

   "Min-Amun-Kamutef; er gibt alles
                            Leben und alle Gesundheit"

Beischrift der Isis:

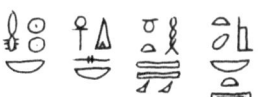   "Isis, die Himmelsherrin,
                            die hohe Frau der beiden
                            Länder; sie gibt alles
                            Leben wie Re täglich"

Beischrift der Handlung: Beischrift des Königs:

   "Die Maat darbringen
                        dem Vater"

157

Aufschriften auf dem Abakus:

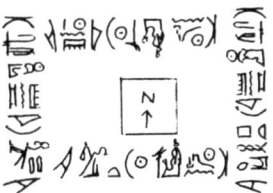

Königsname um die Säule:

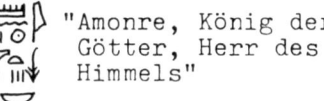

Säule 106

Der König bringt Amonre und Chons Wein dar

Beischrift des Amonre:

 "Amonre, König der
Götter, Herr des
Himmels"

Beischrift des Chons:

"Chons-in-
Theben-Nfr-
ḥtp"

Beischrift des Königs:

Aufschriften auf dem Abakus:

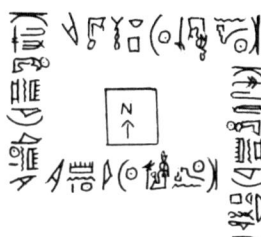

Königsname um die Säule:

Säule 107

Der König bringt Amonre-Kamutef und Amaunet die Maat dar

Beischrift des Amonre-Kamutef:

"Amonre-Kamutef;
er gibt alles
Leben und alle
Freude"

Beischrift der Amaunet:

"[Amaunet, wohnhaft in]
Karnak; [sie] gibt [alle]
Gesundheit"

Beischrift des Königs:

Aufschriften auf dem Abakus:

Königsname um die Säule:

Säule 108

Der König opfert Wein vor Amun und Mut

Beischrift des Amun:

"Worte sprechen durch Amonrasonther: Ich
gebe dir alle Tapferkeit und Stärke"

Beischrift der Mut:

"Mut, die Himmelsherrin,
die hohe Frau der Götter"

Beischrift des Königs: Aufschriften auf dem Abakus:

 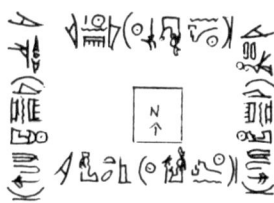

Königsname um die Säule:

Säule 109

Der König bei einer (verlorenen) Opferhandlung vor Schu und Tefnut

Beischrift des Schu:

 "[Worte sprechen durch Schu,] den Sohn des Re: Ich gebe dir alle [Freu]de"

Beischrift der Tefnut:

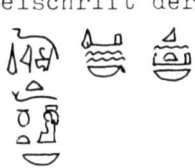

"Worte sprechen durch Tefnut, die Himmelsherrin: Ich gebe dir alle Tapferkeit"

Aufschriften auf dem Abakus:

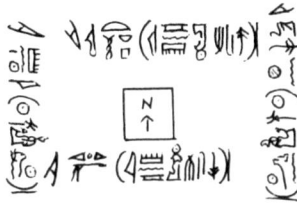

160

Königsname um die Säule:

        Name Ramses' II., éndend mit

        Name Ramses' II., endend mit

Säule 110

Der König räuchert vor Reharachte und Iw.ś-ᶜ3.ś

Beischrift des Reharachte:

        "Worte sprechen durch Reharachte,
        den Himmelsherrn: Ich gebe dir
        alles Leben, Dauer und Heil"

Beischrift der Iw.ś-ᶜ3.ś:

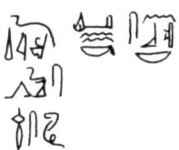

        "Worte sprechen durch Iw.ś-ᶜ3.ś:
        Ich gebe dir alle Gesundheit"

Beischrift des Königs: Aufschriften des Abakus:

Königsname um die Säule:

        Name Ramses' II., endend mit

        Name Ramses' II., endend mit

Architrave

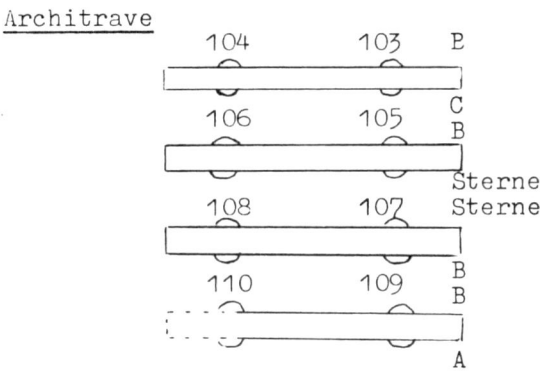

A .... [hieroglyphic text]

B [hieroglyphic text]
    a)

C [hieroglyphic text]
    b)

a) Über 103–104 Nord Var.: [hieroglyphs]

b) Über 109–110 erhalten ab mk.

Szenenanordnung am Tor nach Westen:

6	7	14	13
5			12
4			11
3			10
2			9
1			8

162

Astronomisches Zimmer, Tor nach Westen

1. Südpfosten, unten

   Bauinschrift: (Parallele Nr. 8: Nordpfosten)

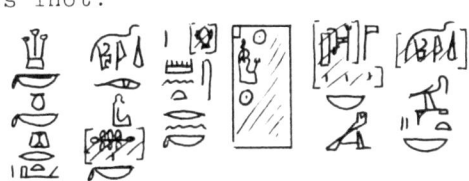

"Horus 'Starker Stier, geliebt von der Maat', König
von O.u.U.Ä. Wsr-mȝ`.t-R`-štp-n-R`, geliebt von
Amun; er machte es als sein Denkmal für seinen Vater Amonrasonther, den Herrn des Himmels, den Herrscher von Theben, daß er ihm ein großes Tor schuf
aus Elektron, geschmückt mit allerlei Edelsteinen,
die Figuren aus Schwarzkupfer, ...mit Gold, seine Rückseite verkleidet mit asiatischem Kupfer -
das große Tor 'Ramses-geliebt-von-Amun ist mit der
Ewigkeit vereinigt'"

2. Der König verehrt Thot

Beischrift des Thot:

"Worte sprechen durch Thot, den Herrn
aller Gottesschriften im Ramesseum
beim Festsetzen deines Namens; Worte
sprechen: Ich mache deinen Schutz um
dich, denn ich bin dein Schreibkasten.
Dein Mund führt trefflich aus, was du
getan hast im Land(?) .....ewiglich"

Beischrift des Königs:

163

3. Der König bringt Amonre Wein dar

Beischrift des Amonre:

"[Worte sprechen durch] Amonre, König der Götter: Ich gebe dir Tapferkeit und Stärke"

Beischrift der Handlung: Beischrift des Königs:

"We[in darbringen] seinem Vater; er tut es, [damit Leben gegeben werde]"

4. Der König opfert Wasser vor Amonre-Kamutef

Beischrift des Amonre-Kamutef:

Beischrift der Handlung: Beischrift des Königs:

"Wasser geben; er tut es, damit Leben gegeben werde"

5. Der König räuchert vor Sokar

Beischrift des Sokar:

"Worte sprechen durch Sokar-Osiris: Ich gebe dir alles Leben und Heil bei mir"

164

Beischrift der Handlung:

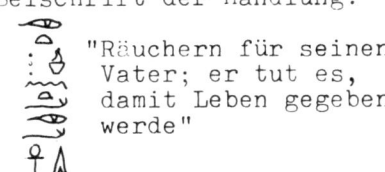

"Räuchern für seinen Vater; er tut es, damit Leben gegeben werde"

Beischrift des Königs:

6. Architrav links:

Month führt den König ein

Beischrift des Month:

"Month, Herr von Theben"

Beischrift des Königs:

7. Opferlauf des Königs mit Rudern

8. Nordpfosten, unten: Bauinschrift siehe Nr. 1

9. Der König bei einer Opferhandlung vor Mut (Darstellung fast ganz abgerieben)

Beischrift der Mut:

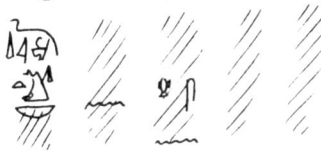

10. Der König überreicht Gefäße dem Amonre

Beischrift des Amonre:

"Worte sprechen durch Amonre, den Herrn des Himmels: Ich gebe dir alle Stärke"

Beischrift des Königs:

11. Der König überreicht Amonrasonther die Maat

Beischrift des Amonre: Beischrift der Handlung:

 "Amonre, König der    "[Die Maat überreichen]
Götter, Herr des   seinem Vater; er tut
Himmels"   es, damit Leben ge-
                                    geben werde"

Beischrift des Königs:

12. Der König räuchert vor Ptah

Beischrift des Ptah:

Beischrift der Handlung:

"Räuchern dem Schöngesichtigen; er tut
es, damit Leben gegeben werde"

13. Einführungsszene (fast völlig abgerieben)

14. Der König beim Opferlauf (abgerieben)

Die senkrechten Zeilen an der Innenseite der Pfosten

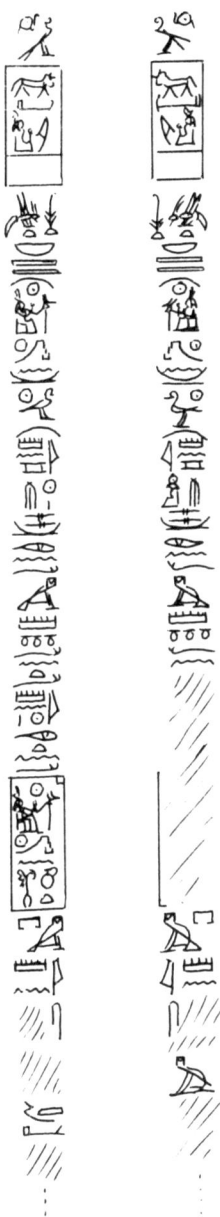

"Horus 'Starker Stier, geliebt von
Maat', König von O.u.U.Ä,, Herr
der beiden Länder Wsr-mȝ.t-Rˁ-
stp-n-Rˁ, Sohn des Re Ramses-
geliebt-von-Amun; er machte es
als sein Denkmal für seinen Vater
Amonre, daß er ihm den Totentempel Ḥnm.t-Wȝś.t in der Amundomäne
schuf, ...

Der König kniet im Persea-Baum, während Atum, Seschat
und Thot den Namen des Königs auf die Blätter schreiben

Beischrift des Atum:

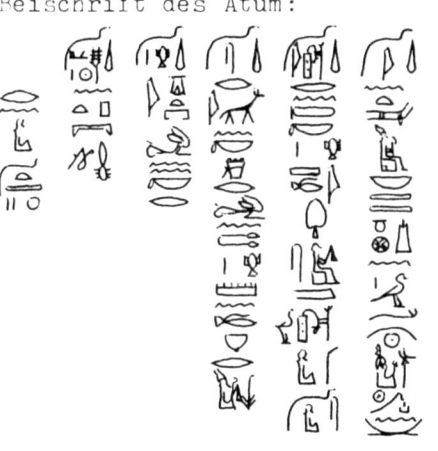

"Worte sprechen durch Atum,
den Herrn der beiden Län-
der, den Heliopolitaner,
zu seinem Sohn Wsr-mꜣꜥ.t-
Rꜥ-štp-n-Rꜥ. Worte spre-
chen: Ich schreibe deinen
Namen auf den heiligen
Persea-Baum in der Schrift
meines eigenen Fingers.
Worte sprechen: Ich ver-
kündige dir, seit du an
der Brust warst, zum Kö-
nig auf meinem Thron, in-
dem du sein wirst bis zur
Zeit des Himmels, wie
mein Name fest ist ewig-
lich!"

Beischrift der Seschat:

"Worte sprechen durch Sfh.t-
bw, die Herrin der Schriften, die hohe Frau des Bü-
cherhauses; Worte spre-
chen: Ich setze dir deine
Jahre fest auf Erden ins-
gesamt in millionenfacher
Anzahl; ich lasse sie
fest sein mehr als die
Zeit des Himmels, blei-
bend im Totentempel ....
....."

Beischrift des Thot:

"......., um recht auszuführen die
Schriften"

168

Randzeile:

"Worte sprechen durch Amonre-Atum, den Herrn
des Palastes, wohnhaft im Ramesseum, zu seinem
Sohn Ramses-geliebt-von-Amun: Siehe, ich führe
deinen Namen richtig aus in Ewigkeit, indem er
auf dem heiligen Persea-Baum bleibt"

Beischrift des Königs:

Astronomisches Zimmer, Darstellung
auf der Südseite der Westwand

Amun [krönt den König]

Randzeile:

"Worte sprechen durch Amonre, wohnhaft im Ramesseum zu seinem Sohn
Ramses-geliebt-von-Amun: Meine
Arme sind um dich mit Leben und
Heil beim Befestigen der Krone
auf deinem Haupt so wie bei deinem Vater Re........"

Süd   Nord

170

Rückwärtiges Zimmer, Ostwand, Südseite

Obere Darstellungen

1. Nur rückseitige Umrißlinie des opfernden Königs erhalten.

2. Der König bringt Atum
   Stoffstreifen dar

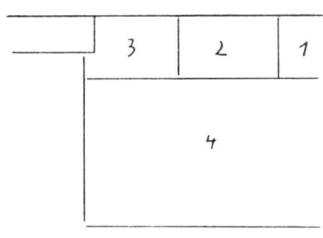

Beischrift des Atum:

Beischrift des Königs: Trennungszeile nach Süd:

"[Worte sprechen durch
Atum,] den Herrn der bei-
den Länder, den Helio-
politaner, zu seinem
Sohn ......: Ich gebe
dir deinen Totentempel,
ein Ebenbild ....,
.............seine.....
mit Speise täglich"

3. Der König bringt Month die Maat dar

Beischrift des Month:

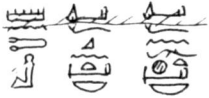

> "Month; er gibt alle Tapferkeit,
> er gibt alle Stärke"

Beischrift der Handlung: Trennungszeile nach Süd:

> "Darbringen der Maat
> dem, der ihn ge-
> boren hat"

> "Worte sprechen durch Month, den
> Herrn von Theben, wohnhaft in
> Erment, zu seinem Sohn Wśr-m^c.t-R^c-
> śtp-n-R^c: Ich gebe dir Tapferkeit
> in deine Hände und Siege deines
> Armes"

4. Der König spendet Wasser vor Re-Harachte

Beischrift der Handlung:

> "Räuchern und Wasserspenden
> dem Re-Harachte durch den
> König "

Beischrift des Königs: Über ihm:

   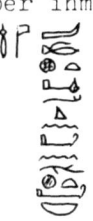

172

Beischrift des Re-Harachte:

"Worte sprechen durch Re-Harachte;
Worte sprechen zu seinem Sohn Wsr-
m3ʿ.t-Rʿ; Worte sprechen: Ich gebe
dir alles Leben, Dauer und Heil"

Architrav über der Tür zum astronomischen Zimmer

Süd: Der König gießt Wasser vor Amonre und Mut

Beischrift vor Amun: Beischrift vor dem König:

Nord: Der König spricht vor Amonre und Chons

Beischrift vor Amun: Beischrift der Handlung:

                                "Amonre opfern"

Trennungszeilen in der Mitte:

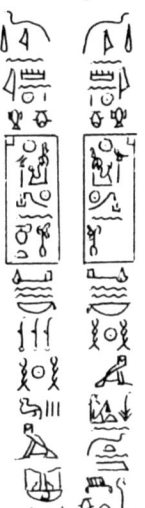

"Worte sprechen durch Amonre,
wohnhaft im Ramesseum: Ich gebe
dir Jahre der Unendlichkeit und
Hunderttausende an Sedfesten"
"Worte sprechen durch Amonre,
wohnhaft im Ramesseum: Ich gebe
dir eine Unendlichkeit als König
und eine Ewigkeit als Herrscher
der Freude"

174

5. Der König opfert Wein vor Mut

Beischrift der Mut:

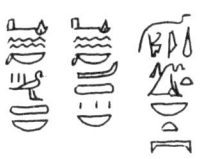

"Worte sprechen durch Mut, die
Himmelsherrin: Ich gebe dir
alle Versorgung, ich gebe dir
alle Speise"

Beischrift der Handlung: Beischrift des Königs:

"Wein geben seiner
Mutter; er tut es,
damit Leben gegeben
werde"

Trennungszeilen
nach Süd: nach Nord:

"Es soll der König"
Ramses II. "erschei-
nen in seinem Toten-
tempel der Millionen
an Jahren; er tut es,
damit Leben gegeben
werde"

"Worte sprechen
durch Mut, die
Große, die Him-
melsherrin, die
hohe Frau der
beiden Länder:
Ich gebe dir die
Lebenszeit des
Re und die Jahre
des Atum; er tut
es, damit Leben
gegeben werde wie
Re"

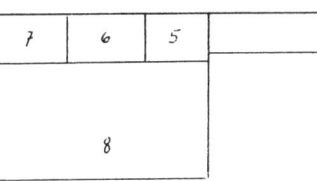

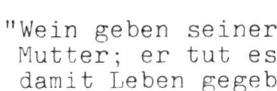

6. Der König spendet Wasser vor Nefertem

Beischrift des Nefertem:

"Worte sprechen durch Nefertem:
Ich gebe dir alles Leben und Heil;
ich gebe dir alle Freude"

Beischrift der Handlung: Beischrift des Königs:

 "Mit dem Wasserkrug
huldigen; er tut es,
damit Leben gegeben
werde"

Trennungszeile nach Nord:

"Worte sprechen durch Nefertem-Hor-Hekenu:
Ich gebe dir alle Länder und jedes Fremd-
land und die Neunbogen gefällt unter deine
Sohlen wie Re ewiglich"

7. Der König überreicht Re-Harachte Schmuck

Beischrift des Re-Harachte:

Beischrift des Königs:

8. Der König räuchert vor Ptah und Sachmet

Beischrift der Handlung:

"Räuchern vor Ptah, südlich
seiner Mauer, durch den König Wśr-mȝꜥ.t-Rꜥ-śtp-n-Rꜥ;
Worte sprechen: Rein ist Horus,
denn er räuchert sich mit
seinem Auge seines Leibes;
Worte sprechen: Rein ist
Ptah, südlich seiner Mauer,
der Herr von 'Leben-beider-
Länder', denn du räucherst
dich mit dem Horusauge, nachdem du ausgestreckt hast das,
womit man versehen ist, in
diesem seinen Namen 'Kügel-
chen', mit dem du räucherst"

Beischrift des Ptah:

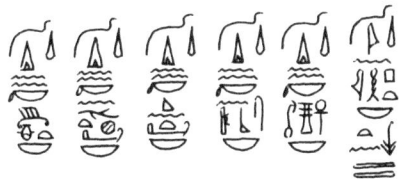

"Worte sprechen durch Ptah,
den Herrn der Maat, den König
beider Länder; Worte sprechen:
Ich gebe dir alles Leben, Dauer und Heil; Worte sprechen:
Ich gebe dir alle Gesundheit;
Worte sprechen: Ich gebe dir
alle Tapferkeit; Worte sprechen: Ich gebe dir alle Stärke; Worte sprechen: Ich gebe
dir alle Freude"

Beischrift der Sachmet:

"Worte sprechen durch Sachmet, die Große,
die Geliebte des Ptah, die Himmelsherrin,
die hohe Frau beider Länder"

Beischrift vor Ptah:

"Sei Herrscher der Lebenden, indem Meine
Majestät deine Annalen festsetzt, Herr
der beiden Länder" Ramses II.

Die Säulen des rückwärtigen Zimmers

Säule 111

Der König opfert Wein
vor Ptah und Sahmet

Beischrift des Ptah:

"Ptah, Herr der Maat, König beider Länder,
der große Gott"

Rede des Ptah: "Worte sprechen:

"Ich gebe dir alle Tapferkeit"

Beischrift des Königs:

Der Königsname um die Säule endet:

- - - - - - - - - - - - 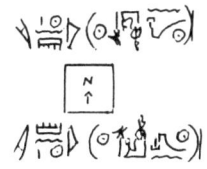 - - - - - - - - - - - -

Auf dem Abakus:

179

Säule 112

Der König opfert Wein vor Horus und Isis

Beischrift des Horus: Beischrift des Königs:

Der Königsname um die Säule endet:

- - - - - - - - - - - -  -

Auf dem Abakus:

Säule 113

Nur Rest des opfernden Königs erhalten; die empfangenden
Götter sind verloren

Beischrift des Königs: Auf dem Abakus:

Der Königsname um die Säule endet:

- - - - - - - - - - - -

Säule 114

Der König räuchert vor Amonre

Beischrift des Amonre:  Rede des Amonre:

                                     "Worte sprechen: Ich
                                     gebe dir Dauer, Le-
                                     ben und Heil"

Beischrift des Königs:

Auf dem Abakus:

Der Königsname um die Säule endet:

– – – – – – – – –

Aufschriften auf den Architraven

A.

B.

C.

A. und B.: Voller Name Ramses' II.

C.: "...Es sei sein Totentempel wie der Himmel und seine
    Statue wie der, der in ihm (:Himmel) ist"; Ramses II.

    "[Verehren des Herrn der]Götter auf seinem großen
        Thron durch die Götter, die sich im nördlichen
        Himmel befinden"

    " Śbšśn: Er gibt alle Kräfte dem Ramses-geliebt-von
                Amun
      Ipdś: Er gibt alle Sedfeste dem Wśr-mȝᶜ.t-Rᶜ-śtp-
                n-Rᶜ
      Šsp.t: Er gibt Millionen von Jahren dem Ramses-
                geliebt-von-Amun
      Nrw: Er gibt alle Tapferkeit dem Wśr-mȝᶜ.t-Rᶜ-śtp-
                n-Rᶜ
      "Schildkröte": Sie gibt alle Stärke dem Ramses-
                geliebt-von-Amun
      ......Harachte(?)....: Er gibt Leben dem Wśr-mȝᶜ.t-
                Rᶜ-śtp-n-Rᶜ
      Die östliche Himmelsstütze 'vorn am Tor des Über-
      fahrens' ist ihr Name: Sie gibt Leben dem Ramses-
                geliebt-von-Amun
      Das ......Himmelstor 'Horus-šnnp": Es gibt alle
                Freude dem Wśr-mȝᶜ.t-Rᶜ-śtp-n-Rᶜ
      Sothis: Sie gibt alle Versorgung dem Ramses-geliebt-
                von-Amun

Auf den Unterseiten der Architrave stehen die Königsnamen:

N.   S.

182